你知道吗？

孩子的成长是有规律的。

希望这本书能帮你

真正了解自己的孩子。

全球阶梯教养圣经

# Your Five-Year-Old

# 你的5岁孩子

［美］路易丝·埃姆斯
［美］弗兰西斯·伊尔克 ｜ 著

玉冰 ｜ 译

北京联合出版公司
Beijing United Publishing Co.,Ltd.

# 目 录
*contents*

# 乖顺、安静而内敛——
# 五岁孩子的年龄特征

> 绝大多数五岁孩子的童年，实在可以称为金色童年！他不但想要做好孩子，愿意做好孩子，而且常常就真是个好孩子。尤其是六岁之前，他们总是能够以积极的心态面对生活，并且有了很好的自我克制能力，因此，对父母来说也可以享受一段金色时光。

# 亲密融洽、和谐共处——
# 五岁孩子的人际交往

> 五岁孩子心智的各个方面都会有一个很大的发展，他们更能够控制自己的行为，而且量力而行，所以与人相处和谐亲密。其中，与妈妈的关系最好，这个阶段的孩子格外爱恋妈妈，他最爱的人就是妈妈，最喜欢做的事就是让妈妈开心。

# 3 Chapter 自主性和能力增强——
# 五岁孩子的日常作息

五岁的孩子在饮食、睡眠、排泄、穿衣、洗漱等方面已具备了独立自主的能力，知道自己如何吃饭了，夜间睡眠大多是愉快而顺畅的，大小便也基本可以完全自理了，情绪和身体状况都朝着正向发展。但是在五岁半到六岁之间，孩子的紧张情绪较之前有所增加，宣泄的力度也有所增强。

Chapter

# 用爱和关注来感染孩子——
# 五岁孩子的管教方式

　　五岁的孩子正经历着一个金色的童年，作为父母，无疑会享受一段幸福的时光，根本不需要任何"技巧"。但是，孩子毕竟是不成熟的，一旦你认为孩子做了不该做的事情，最好的管教方式就是把握孩子"求关注"的心理，用爱来感染孩子，从正面的角度与其沟通并防患于未然。

# 爱玩、爱读、爱创造——
# 五岁孩子所具备的能力

> 五岁的孩子各方面的能力获得进一步发展，能够协调好他想要做的事情和他能够做得到的事情。他最喜欢做的事情就是玩儿，爱听故事的嗜好达到了整个童年阶段的最高峰。此阶段父母应当为孩子提供发展创造力的机会和条件。

# 思维的"试运行"阶段——
# 五岁孩子的心智成熟

Chapter 6

> 五岁孩子的认知能力得到很快的发展，孩子渴望识字和阅读。其思维处于"试运行"阶段，渐渐形成了一些很简单的逻辑推理。这阶段孩子的幽默风格比较矜持，时而也会喜欢荒谬与怪诞的玩笑。对小宝宝的兴趣超过对性的关注。

# 7
*Chapter*

儿童成长测验——
## 五岁孩子上学的依据

决定孩子是否应该入学以及日后是否应该升学的根据，不应该以孩子的年龄为准则，而应该以孩子行为的成熟水平为准则。我们建议所有孩子上学前都应当接受一次行为能力检测，以判断孩子是否已经做好了入学准备。

# 及时帮助和引导孩子——
# 五岁孩子的生日派对

> 五岁孩子的独立，体现在对自己能力的认知，以及对自我的克制上。在陌生的或者自己无力办到的事情面前，他们往往变得束手无策。正是因为如此，孩子在生日派对上更需要成年人的帮助，这种帮助和引导一定要在孩子需要的时候及时出手。要想成功地举办一个五岁孩子的生日派对，事前的筹划必须思虑周全，而且各项筹划最好都能留有余量。

⊙ 16:15 ～ 16:30：玩"蜘蛛"游戏

⊙ 16:30 ～ 17:10：寻宝游戏

⊙ 17:10 ～ 17:15：迷你游行

⊙ 17:15 ～ 17:45：茶点时间

⊙ 17:45 ～ 18:00：安静地活动

# 理解并尊重孩子——
# 五岁孩子的个体差异

> 　　每个孩子都是独一无二的，他的每个方面都会不同于其他任何一个孩子，哪怕是同胎而生的兄弟姐妹。孩子的发育进程有纵向和横向的差异，在孩子的成长过程中，他们的性格会沿着趋于内向然后趋于外向的螺旋线变换。孩子的个性特征还有一个比较特别的方面，就是孩子的行为易于预料与难以预料之间的差异。有些孩子总是喜欢新的尝试，有些孩子却总是只肯面对他确信无疑的、做过的事情。还有些孩子总能让你觉得"果然不出我所料"，有些孩子却往往让你根本无法预料。

# 你是否也遇到过这些麻烦——
## 源自家长们的真实故事

不同的孩子在成长过程中会表现出一定的规律和特点，很多孩子在同一件事情上出现了同样让父母棘手的问题。为了帮助父母解决这些问题，我们特意挑选了一些有代表性的家长来信进行分析，相信会对读者有所帮助。

# 给父母一份关于孩子的成长地图

我们在这里讲述的是孩子在相应年龄段所应有的行为或者行为规范。这些东西能让不少家长看过之后感到心里踏实，因为做父母的总是愿意了解自己的孩子会有哪些行为。当然，我们这些描述也有可能反而使一些家长更加焦虑，甚至愤慨。好在绝大多数父母都会因为预先知道了孩子可能会出现的一些行为，而多多少少放松下来。而这正是我们愿意看到的事情。

尤其让许多父母感到安慰的地方是，他们现在终于明白，孩子在某些阶段出现的一些"糟糕"行为，其实是一种"正常"行为。因为，别人的孩子也都这样。

我们这一群人在阿诺·格塞尔博士的亲自带领下，跟踪了孩子四十多年，详细研究儿童行为的发展与变迁。我们的研究始于当年格塞尔博士指导下的耶鲁大学科研诊所，也就是现在著名的格塞尔人类发展研究所的前身。

这些针对数千名儿童（一点不夸张）的不断学习和研究，使得我们坚信，人类行为的成长模式十分有规律。我们可以相当准确地预料出孩子在某种行为阶段之后将会出现什么行为阶段。这里的行为，指的是能够表现出孩子的运动能力、语言能力、适应能力，以及与人相处的能力等各方面的行为。

我们的确能够很有自信地告诉你，**通常来说**，一个男孩子或者女孩子会在某个年龄出现某种行为特征。

但是，毫无疑问，没有哪个孩子可能是一个"通常来说"的孩子。正如我们在这本书里的第八章将要详细阐述的那样，**每一个孩子都是独一无二的个体，都可能从各个不同的方面有别于任何其他孩子，甚至包括和他或者她同胎而生的兄弟姐妹。**

因此，当我们告诉你，四岁孩子是张狂而可爱的，五岁孩子是沉静而安详的，六岁孩子又是怎样怎样的时候，请你记住一点，这并不意味着所有孩子都会在某个特定年龄段表现出某种特定行为来，而且都肯定或者应该跟我们的描述完全一模一样。

同样是发育十分正常的男孩和女孩，他们的行为成长既可能比我们描述的进程时间表更快，也有可能比我们的进程时间表更慢，当然也很有可能不偏不倚，与其同步前行。不论孩子的成长是更快还是更慢，这都不值得家长因此而忧心忡忡。

不仅仅是每个孩子的成长进程快慢有所不同，而且其行为的和顺与不和顺的程度也相当不同。有些孩子不论在哪个年龄段都十分招人喜爱，很善于调整自己，让别人觉得十分易于相处；另有些孩子则相反，不论家长多么懂得孩子、多么精心照料，他都有可能在整个童年阶段十分难以相处，甚至有可能在任何年龄段都十分不易相处。

有些孩子各方面的成长明显十分均衡，齐头并进。他们在各个不同方面的发育进程要么都提前，要么都延迟，要么都恰好跟我们的描述同步，包括他们的语言能力、运动能力、适应能力，以及所谓的为人处事的能力。可还有些孩子却并不均衡，比如有可能他的语言表达能力进步神速，而运动方面的能力却远远落后；或者很可能完全倒过来。

在这本书后面的章节里，我们将会详细阐述孩子与孩子之间的个体差异。但这却绝不是为了要让我们的读者因此而更加惴惴不安；相反，我们在这本书的一开始就再三强调，**我们对孩子各种行为的预期只不过是常规描述**，是对众多孩子自然展现出来的各种行为的一个概述而已。

我们不妨打个比喻，把这本书里以及其他类似书籍的描述都比喻成一份地图，而且是你想要前去旅游的那个国家的地图。我们**能够**告诉你的是那个国家总体来说是个什么样子；但是我们却**不能够**告诉你，你的旅程将会是什么样子。你可能比其他游客走得更从容些，或者更匆忙些；也可能比别人看得更细致些、更周详些，甚至有可能会回过头去再看看。你的这份地图既不能告诉你将会遇到什么，也不能告诉你应该做些什么。它能够告诉你的只不过是这块地界的大致模样。

人们大多愿意借助于地图的帮助。许许多多的父母也愿意借助于我们所做的这份孩子行为描述图的帮助。因此，如果你愿意，请使用我们的行为描述图吧，我们很希望你能因此有了一个很实用的向导，就像许许多多的家长一样。只是，请你不要因为我们的常规描述跟你的孩子不太一样，就去指责自己的孩子不好，或者指责我们的描述不对。每一个孩子都是一个美好的、与众不同的独立个体，我们仅仅希望这本书能够帮助你在孩子成长的各个阶段更加懂得欣赏他。

# 众里寻他千百度

　　每一个做了父母的人，都希望自己能够做一个对孩子成长负责任的好爸爸或好妈妈，我也不例外。当儿子的生命还蠕动于我的体内时，幸福的同时伴随着我的决心——一定要做一个好妈妈！

　　孩子出生了，他躺在我的怀里，吸吮着我体内流淌的乳汁，明亮清澈的大眼睛和我对视着，充满了对我的信任和爱，而此时，我却感到了一阵恐慌——我该如何去爱上天赐予我的这个宝贝？我懂得要给他吃母乳、要保护他的安全、要尽我所能地给予他最好的教育……但是，我不懂得在他每一个成长阶段，会出现怎样的心理发展过程，这些心理发展会让他呈现出怎样的行为，我又该如何去帮助他完成这些发展过程。比如，他现在才三个月大，他的精神需要是什么？我是否应该让他吃手指？在他六个月大的时候，他会出现怎样的行为？他四岁的时候如果与小朋友打架，我该怎么来处理……我感觉到做一个好妈妈有些力不从心！

随着孩子一天天长大，他真的开始吃手指头了；他去幼儿园的第一周就和小朋友打架了，脸上还被抓出了血痕；他开始追着我和先生的屁股不停地问问题，这个世界有太多他不明白的东西；他拿起剪刀把自己的头发剪成了朋克状；他在幼儿园为了不把大便解在裤子里而憋上一天，我们不明白他为何不去洗手间；他开始说"屁股""臭大便"，反复地说，我们越是阻止他说得越开心；他开始邀请幼儿园的小朋友到家里来做客，而且没有经过我们的同意就带小朋友回家了；他开始对文字感兴趣，家里的任何一本书以及大街小巷的每一个门牌和挂着的标语，他都要求我们认真地读给他听……

因为不懂得孩子，所以我们会犯下很多的错误。比如，当他的脸被小朋友抓出小小的血痕时，我告诉他："如果谁再靠近你，你就还击他！"当天，老师给我们的反馈是：

"你的孩子怎么了，小朋友才靠近他，他就出手抓人家的脸，他以前不这样啊！"我立即意识到自己的教育是有问题的，但问题在哪里，我却不知道。

当我发现自己存在问题后，我开始学习教育孩子的方法，于是到书店里去买书看。然而，十七年前的书店里，教育孩子的书种类非常稀少，唐诗和宋词外加名人教子语录，这些书籍无法帮助我理解孩子的成长规律，也无法让我学习到正确的应对方式，于是，我仍然在黑暗中摸索着孩子的成长规律。

在孩子十五岁的时候，我才接触到了教育的核心，才开始明白教育的本质是帮助孩子完成每个年龄阶段生命发展的任务，可是，我的孩子已经十五岁了！他成长中最重要的时期被我错过了，那种因为错过而心痛的感觉让我在许多夜晚不能成眠，我们和孩子都无法重新来过，我们再也回不到从前了！现在，孩子已经二十岁，即将离开我们远赴英国上大学。好在从我明白错过的那一刻起，我没有再错过孩子的成长。这五年是我弥补自己缺失的五年，感谢上天给了我这五年的时间！

有了陪伴孩子成长的经历，有了我对教育的研究和感悟，我觉得自己有责任为年轻的父母们做点什么，让他们不再重蹈我们的错过。这些年来，我不断地接触、体验和思考新兴的教育理念和方法，寻找能够给父母们带来更好帮助的书籍。但是，一直没有这样的书入我的眼，直到玉冰把这个宝贝带到我的面前，这套书让我眼前一亮——这不正是我多年来苦苦寻找而不得的宝贝吗？！

这是一套研究 1~14 岁孩子发展规律的书，一群严谨的学者用了四十年的时间来研究每一个年龄阶段孩子的发展规律，并给父母提出了具体的建议和应对方法。虽然我国也有很多研究教育的机构，但是，我们缺乏对各个年龄阶段孩子科学严谨并能够持续四十年之久的研究。这套书能够弥补我们的缺陷，给我们的研究和父母养育孩子提供非常大的帮助。

虽然东西方存在着文化上的差异，但是，在人类这个物种成长和发展的规律上，存在的差异不会太大。比如，无论是西方还是东方，孩子们都需要在妈妈肚子里怀胎十月才出生，一出生就能够吸吮，出牙的年龄都在 4~6 个月，都会在一岁左右走路，都能够解读成人的表情，都会在同一个年龄阶段出现相应的敏感期……无论是东方还是西方的父母，都希望在了解孩子发展规律的基础上来帮助孩子成长，都希望孩子具备善良、有责任感和自律等优秀的人格品质，都需要具备帮助孩子建构健康人格的能力，由此，我相信这套书能够帮助到中国的父母们。

假如，在我的孩子刚出生时，我就能够看到这套书，我就有信心做一个好妈妈。因为，我会了解孩子在当下的生命发展过程中会出现怎样的行为，我该给予孩子怎样的帮助，才能让他顺利地完成这个阶段的发展任务；同时，我还会预见孩子在未来每一个年龄阶段生命发展的方向，我会提前做好相应的心理和物质准备。虽然，对于我来说这一切都只能成为一个"假如"，但对于孩子在成长阶段的读者来说，这是真实可行的！

胡萍

2012 年 4 月 26 日于深圳

编者注：胡萍，中国儿童性教育的先驱。2001 年开始研究儿童性健康教育和儿童性心理发展。2004 年开始在全国 50 多个城市开展性健康教育父母课程，并多次与中央电视台、新浪网等合作录制儿童性健康教育节目，其代表作有《善解童贞》《成长与性》《儿童性教育教师用书》等。

# 在这里寻找答案

"教育是一门科学，不能仅凭经验。"这是我回国后一直倡导的教育价值观。

2002年我从德国慕尼黑大学毕业后回到国内开始从事教育工作，将近十年的工作中让我感到困扰最多的就是父母宁愿相信经验，而不求证于科学；父母宁愿把自己的孩子和周围的孩子相比，也没有办法用科学的方式评价自己孩子成长得是否合适。

印象最深的是每次都有父母非常焦虑孩子的正常现象。比如说"多动"。在他们的眼中，如果一个四五岁的孩子无法专心做事30分钟就是多动症，就需要看病吃药，就会导致学业问题。每次当我耐心地向他们解答每个年龄段不同的正常现象，持续多长时间就是在正常范围之内才能减轻他们的担心。比如父母们不明白为什么三四岁的孩子喜欢拿着东西就往地上扔，喜欢强调"我"。

只有当父母知道什么是"正常"，才能真正理解孩子的行为，也才能给予正确的引导。

所以，我特别希望有一套介绍个体发展基本规律的书籍帮助父母认识到个体发展规律，帮助他们能够判断孩子行为的"正常"和理解孩子行为背后的原因。

相比较个人发展和心理认知的专业书籍的晦涩，《你的N岁孩子》系列更加生动，语言容易理解。在这本书中，读者会看到的是一群同年龄的孩子，他们的生活跃然纸上，在这里，你一定会找到自己家里的那个宝贝，也能更加走进他们的内心。

兰海

编者注：兰海，上濒教育机构创始人，毕业于德国慕尼黑大学教育心理学专业。研究方向：创造力发展、青少年成长、教育规划、亲子关系。兰海先后在慕尼黑大学获得心理学、教育学和社会学三个学位，在九年的教育实践工作中，对国际、国内的教育状况有异常深入的了解和研究。目前，兰海是中央电视台少儿频道《成长在线》栏目特邀专家；《父母世界》杂志特邀专家。著有《嘿，我知道你》《孩子需要什么》。2009年，中国教育报专题人物报道：《教育是科学，不能仅凭经验》；2011年4月，CCTV10《人物》栏目专访：《带孩子寻找快乐的老师——兰海》。

# 在帮助孩子的同时懂得孩子

　　我要郑重地向所有的家长们推荐这本书，因为这是迄今为止我看到的对家长育儿最有帮助的书；我也要郑重地向老师们推荐这本书，因为有了这本书，忙碌的老师们就再也不用为发展心理学中那些生涩的字词而头痛了。妈妈和老师不想成为理论研究者，他们只想在帮助孩子的同时懂得孩子。他们只想知道一个两岁的孩子眼皮都不抬地乱扔东西是否正常；他们只想知道当孩子乱扔东西时，他们该怎样帮助孩子。

　　当有一本书说"孩子的感知运动时期的第八循环第一阶段，其生物功能如何被环境改变，这一改变来自怎样的图示过程"时，家长和老师们真的就被吓住了，他们会带着可怜的、自信心受到打击的神情对你说："我学不会，我看不懂，我做不到。"

假设你是那个作者，当一个老师或一个家长这样对你说时，你会绝望吗？你会觉得他们不适合做父母和老师吗？这时，请你看看这本书，看看它是用怎样的关怀向想要了解孩子的人讲述孩子，又是用怎样朴实贴切的招数在帮助它的读者。看了这本书，你会知道，这本书是有鲜活灵魂的，当你面对它时，你会自然轻松地用心灵与它沟通。

我要说，朋友们，请打开这本书吧，不管你是妈妈还是爸爸，不管你是老师还是教育家，请打开这本书吧！

李跃儿

编者注：李跃儿，中国著名儿童教育专家，中国芭学园创始人，曾为《父母》杂志教育答疑专家、央视少儿频道签约专家。畅销书《谁拿走了孩子的幸福》系列的作者。2004年荣获第三届中国国际家庭教育论坛"华表奖"和"形象大使"称号。2006年荣获"2006年中国幼儿教育百优十杰"（第一名）称号。2009年荣获"2009中国民办幼儿教育十大杰出人物"称号。2012年荣获"教育木兰奖"。

# 译者序

## 因为懂得，所以从容

亲爱的读者：

　　既然你已经翻开了这套书，那么，我首先要恭喜你：你做了一件非常值得的、有正面价值的事情！请好好读下去吧。这套书，肯定能大幅度地改善你和孩子之间的亲子关系，以及提高你养育孩子的快乐和享受。而你心爱的宝宝，则肯定会因为这本书带给你的正面的、有益的改变，而成长得更快乐、更舒展、更健康。

　　因为，这恰是我的亲身体验，也是千万个有幸读过这套书的妈妈们的亲身体验。

当我第一次接触到这套书的时候，我的两个淘气的小男孩才两三岁。那时候，我一边四处搜寻怎样养育孩子的书，一边和孩子们一起参加美国老师主办的亲子班。老师的素质非常好，专修过三门儿童心理方面的不同学位，常常给我们讲述一些不同年龄的孩子会有些什么样的"坏"行为，孩子为什么会有这样的行为，以及妈妈这时应该怎么办等问题。这些知识让我十分惊奇，帮我打开了一扇全新的了解孩子心理和行为背景的窗户，更何况，老师传授的"技巧"还真管用！我越来越喜欢向老师请教。有一天，老师把我带到亲子班的一个书架前，拿出一本书来介绍给我：你读读这本书吧，会很有帮助。我接过书一看，立刻注意到这本书里的内容和老师授课的内容十分相近！我蹲下身子，往书架里仔细一看，嚯！三岁、四岁、五岁、六岁……每一岁都有一本！

我立即拿了两本回家读。从此，我爱上了这套书！

这套书和其他育儿书最大的不同在于成书的背景。很多育儿书，包括现在最走红的海蒂·墨卡夫的书，大多都是妈妈根据自己的体验和感悟而写成的，也有些是儿童教育专家根据自己的知识和经验写成的。但是，这套《你的N岁孩子》系列，却是由美国著名的"格塞尔人类发展研究所"的一群儿童研究专家，从 20 世纪 50 年代开始，经过四十多年系统而严谨的跟踪，针对数千名孩子在不同年龄段所作的详细观察和了解，而总结出来的系统研究成果！不但很有深度，而且很有广度。这是任何一位妈妈或者儿童心理学家都不可能提供的充足的数据、翔实的研究、精密的分析和高度的概括。

正因为这套书的成书背景如此特别，使得这套书不仅仅是一套很实用的育儿宝典，而且是一套很科学的儿童行为认知学的科普读物。研读这套书，不但能让你预先了解你的孩子在四岁的时候（以及五岁、六岁等其他年龄）可能会出现哪些让你十分向往以及头疼的行为表现，从而让你有了合理的心理预期和心理准备，面对困境时能够更加从容而不至于惊慌失措、烦恼不堪；而且，这套书还能让你明白孩子的许多"坏"行为不但是短暂的阶段性的行为，其实也是合理的孩子气的正常行为，从而能让你放下许多不必要的焦虑不安和心理包袱。故此，不但你的日子能过得更舒坦，孩子也能活得更率真、更健康。

对此，我自己深有体会。以《你的 4 岁孩子》的特点为例，四岁孩子的体能大增而且精力无限，算是童年时期最淘气的阶段。我的两个儿子年龄相差只有 13 个月，他们的成长阶段十分接近，可想而知，他俩四岁前后我的"运动量"该有多么大。这本书让我对孩子在四岁前后的行为和表现有了预期和理解，使我预先放宽了心境，从心理上接纳了孩子的无限淘气。不仅如此，这套书还教会了我如何给孩子们机会去宣泄他们的能量，而不是一味地约束他们不要太淘气。最佳的方法之一，就是在我觉得孩子闹腾得有些让人受不了的时候，带他们出去"放敞羊"，去公园里玩，到小区里走一圈，到草丛里、到树林里去探险……他们玩得开心，我也没了苦恼。到了后来，我渐渐发现了他们的生活规律，能够预知他们什么时候容易打架、胡闹，并且根据他们的"生物钟"，合理而恰当地安排他们吃饭、休息、室内活动和户外活动的时间，果然皆大欢喜，我的日子轻松了许多。别人常问我，"我带一个孩子都快要累死了，你怎么带两个孩子还这么从容？"呵呵，因为知识就是力量啊。

随着我的两个儿子逐渐长大，我慢慢了解到，这套育儿宝典，不但是美国亲子班、幼儿园老师们的养育依据，而且还是美国小学老师了解和对待不同年级孩子的心理、行为的依据。每年开学，孩子们升到不同的年级，我都能收到学校发给家长的一份文件，告诉我们孩子在今年会有哪些特点，父母应该特别注意哪些事项。我也通过频繁地在学校做义工的机会，深刻体会到学校老师对待不同年级的孩子真是不一样，不但对孩子的约束要求不一样，而且约束孩子的方式也不一样，十分合理化、人性化。从这个角度来说，这套书，不但适合父母们学习和阅读，而且也适合幼儿园老师、小学老师，甚至中学老师们学习和阅读。

别看这套书是三十多年前的"老古董"（这本《你的5岁孩子》英文原著出版于1979年），它之所以到了今天都仍然被美国学校奉为宝典，正是因为这套书的主题是孩子的发育与成长的客观规律，而客观规律是不会"过时"的。当然，有些外在的环境影响是有了一些改变，比方说那时候还没有"爱拍"，而现在，估计很多孩子都因陷于这种现代电子游戏中而给家长带来了许多新的烦恼。不过，只要我们能够智慧而灵活地运用这套书中的基本观念，我们就可以自己动脑筋想出办法来，从而走出困境。

这些年来，随着孩子渐渐长大，我总会不断地遇到新的问题、新的苦恼，也总是能够不断地从这套书中获取知识、汲取力量，从而调整我的心态，调整我看待孩子"坏"行为的视角，也调整我和孩子相处的进退尺度和协调方法。这套书已经很多次成功地帮助我走出了亲子关系低迷的僵局，扫除了我心中的困惑、焦虑、烦躁和失落。我的两个孩子，不但在家庭的小环境里，而且在幼儿园和学校的大环境里，都沐浴在这套书的福泽之中，因此成长得健康、活泼、快乐和聪明。

正因如此，我对这套书情有独钟。一年多以前我下定决心，一定要想尽办法把这套宝贵的好书介绍到中国来，造福中国的孩子和父母。感谢北京紫图图书有限公司对我的信任，我终于如愿以偿，能够亲手把这一套书，翻译给我祖国的家长和老师朋友们。

我替你的孩子感谢你，因为，你愿意研读这套书，愿意接纳这套书将带给你的新知识、新观念和新视角。我在此真诚地祝福你，祝福你的孩子，祝福你全家。你们一定会从此更加相亲相爱，更加幸福和美。

玉冰

美国洛杉矶

2012 年 3 月 18 日

**编者注**：玉冰，美籍华人，畅销书《正面管教》的译者。她十分重视儿童教育发展，也十分重视亲子关系对孩子成长的巨大影响。此外，她还译有《与神对话——献给青少年》等作品。

# 五岁孩子能力发展及教养简表

|  | 五岁到五岁半 | 五岁半到六岁 |
|---|---|---|
| **整体特质** | 金色童年 宁静内敛 | 复杂而困惑，<br>叛逆之心渐长 |
| **动作、语言等能力** | ◇语言与思维：有较强的表达欲，思维处于"试运行"阶段<br>◇最喜欢做的事情就是玩儿<br>◇协调能力增强，手指动作娴熟，活动量减少 | |
| **心智能力** | ◇对时间的感知：对时间概念基本理解，关注"此刻与此地"<br>◇对空间的感知：方向感不错，也愿接受身边的环境<br>◇数字与算术：数字认知和运算能力得到发展<br>◇对性的感知：明白性别差异，对小宝宝很感兴趣<br>◇孩子的幽默感：风格比较矜持，时而会喜欢荒谬与怪诞的玩笑 | |

（续表）

| | 五岁到五岁半 | 五岁半到六岁 |
|---|---|---|
| **人际关系** | ◇ 亲密融洽、和谐共处<br>◇ 格外爱恋妈妈<br>◇ 与兄弟姐妹相处融洽<br>◇ 最爱与同龄人相处<br>◇ 对陌生人谦和有礼<br>◇ 尊敬并服从老师 | |
| **读写等习惯** | ◇ 自编故事依然带有暴力色彩<br>◇ 喜欢听读故事，钟爱属于自己的书 | |
| **睡眠习惯** | ◇ 上床睡觉变得相当顺利<br>◇ 睡眠时间有规律<br>◇ 夜间有时会做噩梦，且会延续到第二天 | |
| **饮食习惯** | ◇ 可以独立吃饭，但还谈不上"餐桌礼仪"<br>◇ 吃相不够雅观<br>◇ 食欲增加，但喜欢简单的菜式<br>◇ 营养不良会导致孩子出现一些负面行为 | |

|  | 五岁到五岁半 | 五岁半到六岁 |
|---|---|---|
| 大小便训练 | ◇ 大小便基本可以完全自理 | |
| 洗澡穿衣 | ◇ 穿衣已具备自主能力，会做却不肯做<br>◇ 洗手容易洗澡难<br>◇ 洗浴心态积极，需家长帮忙才能更好完成 | |
| 与孩子相处的技巧 | ◇ 管教本质：用爱来引导孩子<br>◇ 管教原则：充分了解孩子<br>◇ 管教方式——把握孩子"求关注"的心理<br>1. 冷处理<br>2. 控制环境<br>3. 允许孩子宣泄<br>4. 用"回馈"技巧<br>5. 建立一个正面的奖赏机制<br>6. 与孩子"讲条件"<br>7. 用平常心对待孩子的"错误"行为 | |

Chapter

# 乖顺、安静而内敛——
# 五岁孩子的
# 年龄特征

　　绝大多数五岁孩子的童年，实在可以称为金色童年！他不但想要做好孩子，愿意做好孩子，而且常常就真是个好孩子。尤其是六岁之前，他们总是能够以积极的心态面对生活，并且有了很好的自我克制能力，因此，对父母来说也可以享受一段金色时光。

# 1. 五岁到五岁半：金色童年时期

作为一个五岁孩子的父母，你在期待些什么？我们很高兴地告诉你，绝大多数的五岁孩子都会让你有一段很美好的时光。五岁孩子不但想要做好孩子，愿意做好孩子，事实上，他常常就真是个好孩子。

五岁孩子最让人愉悦的特性，当首推他很享受生活的快乐，因为他会从正面的角度来看待一切。他会一大清早跳下床，跑过来告诉你："今天是我的幸运日。"或者满怀热情地对你说："今天我一整天都只做乖孩子，一件坏事都不做。你要我做什么我就做什么，肯定不会惹你生气。"

他诚心诚意地想要把每件事情都**做好**。因此，哪怕他只做一件最小的事情，也可能要跑过来请示你。而且一旦得到妈妈的同意："好啊！""亲爱的，你可以吃一个苹果。"他就会高兴得满眼放光。

## ❖ 心态积极，性格乖顺甜美

就连他常用的词语，都往往是很正面的话："行啊！""好嘞！""很好！""多好啊！""太棒了！"这些都是他最喜欢说的话。他还总是喜欢反复说："我就是喜欢……"

实际上，我们确实遇到过一些妈妈存在这样的担心：自己的五岁孩子是不是"好得太过分了？"我们总是向提出这些疑问的妈妈们保证，她们真是没什么好担心的，孩子怎么可能永远都这样乖顺下去呢？果真如此的话，这孩子就太驯服了，不会懂得站起来维护自己的利益；然而，任何一个成长中的孩子都知道，这是一个越来越充满挑战的世界。

五岁的孩子之所以这样乖顺，主要原因在于这时孩子完全以妈妈为自己整个世界的中心，至少在几个月之内会是如此。因此，他不但想要讨好妈妈，还想随时都跟在她身边。他想同妈妈说话，跟她玩，帮她做家务，如影随形、寸步不离。许多五岁孩子宁愿和妈妈一起待在家里，也不愿意出去和小朋友们一起玩。

经过暴风骤雨般的四岁之后，五岁孩子对妈妈的这种热爱与接纳，确实让每一个当妈妈的都能轻松地喘上一大口气。如果这位妈妈还不止有这么一个孩子的话，那就更要谢天谢地了。五岁孩子的甜美无疑能让做父母的心里感到格外熨帖。

五岁孩子对整个世界的正面而且接纳的心态，不但扩展到父母的身上，还扩展到了更宽广的领域。正如一个五岁小姑娘所说的那样："我爱这世界上的每一个人，甚至也爱神。"还有另一个小姑娘，当她听到一首歌唱到"整个世界都在他的手上"时，对我们解释说："他肯定是神。只有神才可以做得到。"

## ❖ 生活在"此刻与此地"

五岁的孩子通常来说是一个生活在"此刻与此地"的孩子。他非常在乎自己的房间、自己的家、自己住的那条街、他的那片邻里，还有他小学学前班的教室。（译者注：美国的孩子从五岁开始"上学"，先是在秋季进入小学学前班，一年以后进入小学一年级。）他不再像四岁时那样，对新奇、陌生的事物特别感兴趣，也不再会因此而特别向往奇遇。我们曾经说过，四岁孩子的招牌特征是"张狂而美好"，虽然他有时候的确很美好，可是他的张狂却总是令他陷入麻烦之中。

但是，五岁的孩子不会再经常惹麻烦。他这时的天性安静而内敛，更愿意亲近自己的家人。他不但喜欢守在别人替他预设的界限之内，而且还守得心安理得。他最感兴趣的时刻就是此刻，最感兴趣的地方就是此地。

## ❖ 正视自己的能力，知道自我克制

五岁孩子之所以能够表现得如此和顺，关键在于他现在对自我能力的判断准确得让你都觉得有些不可思议。也就是说，他知道自我克制。五岁孩子能极其准确地判断出他的能力所在，知道哪些事情会超出他的能力，因而他只肯去尝试他觉得有把握的事情。一旦成功，他的自信就由此建立。这并不是自负，而是自信。和四岁相比，这意味着他现在很少再用尽浑身解数通过抗拒别人来证明他才是自己的主人。

和其他年龄段很不一样的地方是，五岁的孩子常常能以一种异乎寻常的能力来保护自己免受过度的刺激。例如，一个去拜访她父母的朋友的女孩会这么说："我不能每天都去看你的朋友，否则的话我会看晕的。"另有一个小姑娘跟她妈妈一起去走访了一家她没有去过的幼儿园，第二天她就对妈妈说："在这所新学校里，我感到有些羞怯，肚子里有一种怪怪的感觉。不过，我想如果你要是再多待几分钟的话，我感觉应该能好很多。"

## ❖ 有着强烈的家庭观念

五岁的孩子往往不再担心什么。六岁的孩子会担心自己放学以后妈妈会不会在家里等他；但是五岁的孩子却笃信妈妈会在家里等着他，现在就在那里等着他，而且永远会在那里等着他。这个年龄的孩子往往理所当然地认为他会和自己的父母永远在一起。虽然以他现有的记忆，能够记起小时候的很多事情，可是，他既不太探究过去，也不太考虑将来。他就喜欢现在的这个样子，对自己很满意，对父母更是满心爱意。虽然他现在已经很少吹牛，不过你还是能够听到他向别人吹嘘自己的爸爸妈妈，并把父母的话奉若**圣旨**。

五岁孩子的家庭观念现在也很强烈，他很可能会跟他的小猫说："在你还没有生下来之前，这东西就已经属于我们家了。"

## ❖ 智力及动作能力得到发展

在父母的眼里，五岁的孩子已经十分靠谱了。他知道自己的能力在不断增长，能够开始承担一些小小的责任，也能够模仿成年人的一些行为。如果父母或者老师夸奖了他，他会非常自豪，而且还会骄傲地宣称他的成熟行为"就跟大人一样"。即使他仅仅做到了他的年龄能够做到的事情，他也一样很欣赏自己："我可以做得到，因为五岁的小孩已经可以系鞋带了。"

虽然五岁的孩子在许多方面都表现出他不再是一个张扬的孩子，但是在智力方面，他的成长却很引人注目。他特别喜欢有人给他读书，跟他说话，教给他新的知识。他很喜欢实践他新学到的本领，喜欢向妈妈炫耀他会写自己的名字了，会从 1 写到 5 了，会从他最喜欢的书上认出几个字来了……

所有这些方方面面全加起来，绝大多数五岁孩子的童年，实在可以称为金色童年！

# 2. 从五岁半到六岁：
## 复杂而困惑时期

瞧，你一路过来，风平浪静，快乐如云雀。在这过去将近半年的时间里，你的心肝宝贝儿可爱得无以复加。他不但打心眼儿里愿意做个好孩子，而且他也的的确确是一个好孩子。这过去的半年是你做梦都能笑醒的幸福日子。

因此，一旦这瑰丽之梦蓦然消散，你一定会觉得有些回不过劲儿来。那可爱的小天使昨天还脆生生地答应你"好的，我会的！"今天却变成了"不行，我不干！"

昨天还把妈妈当成他整个世界的中心的那个孩子，今天却用所有的行动发出了新的讯号：他现在已经把自己当作中心了。这孩子怎么变了？

简直就是确凿无疑，在孩子将要进入六岁之前，又一段艰难岁月将要进入你迄今为止最为风和日丽的家庭生活中了。

## ❖ 行为不定，在两极之间摆动

虽然还没有充分长出六岁小叛逆的羽翼来，五岁半的孩子往往已经开始显露出他们勇于反抗的精神来了。随便你要他做什么，他都可能抗拒不从，而且，他还不见得总是斯斯文文地把你顶撞回来。妈妈们向我们描述的时候，最常用的形容词就是"蛮不讲理""像个好斗的公鸡"，这不是没有道理的。

五岁半孩子的特点可以归结为磨蹭犹豫，优柔寡断；或者完全相反，固执己见，而且性情暴躁。他的行为可以在两个极端之间剧烈摆动，也就是我们在他两岁半的时候所见识过的情形：一分钟以前这孩子还显得羞羞答答，可是下一分钟他又变得莽莽撞撞；刚才还是个甜得发腻的小可爱，转眼又跟你仿佛仇人相见，变脸比翻书还快。

如果他没有足够的勇气当面驳斥你的要求，他会跟你磨蹭，这种软磨与硬抗的比例大体上不相上下。不论他跟你软磨还是硬抗，总之你一句话出去，往往很难有什么结果。

## ❖ 情绪方面

这个年龄的孩子似乎一直处于紧张的情绪中。幸运的是，绝大多数孩子在学校里要比在家里平静得多。一旦他开始发脾气、生闷气，或哭天抹泪起来，往往不容易收场，因此，五岁半的孩子可能又会给你带来一段打滚撒泼的日子。

## ❖ 健康方面

健康方面也开始出现一些问题。五岁时几乎个个都健健康康的孩子，现在却忽然开始一会儿头疼一会儿脑热的，还有耳朵疼、肚子疼，腿也会疼、脸也会疼。甚至排便控制能力也会有所倒退，如果孩子太过激动，很可能一不小心就弄得一裤子都是。而且，生理上相当平和安详的五岁孩子，到了这时候却又变得需要宣泄紧张了：手常常送到嘴巴里去，咬衣服、咬笔，或者不时用铅笔敲打东西。

## ❖ 体能方面

我们发现五岁半的孩子比五岁的孩子精力更充沛，也更好动些。他捏铅笔的动作可能比较别扭，而且还常常变换捏铅笔的姿势。虽然现在他还不至于像六岁时那样"地上一根绳子都能绊他一跟头"，可是他对身体的平衡控制能力却真不如前段时间了。而且，他显然不再像五岁的时候那般，容易安安稳稳地坐着。五岁半的孩子和半年以前相比，更倾向于做些新的尝试。

## ❖ 视力方面

五岁时那简单而实在的视觉现实不复存在。这时候，孩子频频迷失他的视觉引导，把数字和字母看反了。这恰恰是我们认为这么大的孩子不应该学着认字和写字的原因之一。从视觉上来说，这时候孩子本身就在左右混淆与辨识之中挣扎，我们却偏要让孩子在这个时刻学习识别字母和单词，这不是给孩子雪上加霜吗？

### ❖ 手眼协调能力

眼睛和手的动作，跟孩子五岁的时候相比，现在都慢了下来。不过，孩子的举止这时变得更加自信、更加顺畅。孩子在这个年龄段应该已经知道他看到的东西哪些地方**不对劲**，能够辨识出不一致的地方，只不过他还不知道该怎么才能让它**对劲**。这时候，他的视觉结构被打破了，视觉现实常常颠三倒四，可从某个层面上来说他却偏偏乐在其中。所以，当孩子感到迷惑的时候、吃惊的时候，以及他想搞搞笑的时候，会有意无意地、试探性地把眼睛对成斗鸡眼。

### ❖ 换牙期

孩子的牙齿这时候也开始"坍塌"了。那些大小均匀的、珍珠一般的婴儿齿，从下颌中间的门牙开始，一颗一颗地松动，甚至掉落下来。

### ❖ 和顺期与不和顺期呈规律性交替

大多数的父母都知道，孩子最美好的几个阶段往往转眼即逝。所以，五岁的金色年华很快会由复杂而困惑的五岁半至六岁取而代之，这虽然的确很令人遗憾，却也没什么值得意外的。

从婴儿时期开始，随着孩子的成长，和顺期与不和顺期、内向期与外向期之间的交替就已经能够预见。图一向家长们展示了孩子从一岁半到六岁半之间童年阶段的成长交替。五岁的孩子，如图中所示，处于和顺期。随后的不和顺期，有些孩子可能延迟到六岁左右才开始，有些孩子却从五岁半就开始了。不过，即使孩子偏早一些进入不和顺期，你也不用觉得失望，别觉得你的孩子有什么不对，更不要认为是你自己的养育方法有什么不对。

要知道，一个孩子之所以能够早早打破某个阶段而进入到下一个阶段，肯定是因为他此时已经具备了更高的成熟度才能做得到。你只需心里很笃定地相信，不论早晚，孩子总会进入到更成熟的成长阶段。

不和顺期                                          和顺期

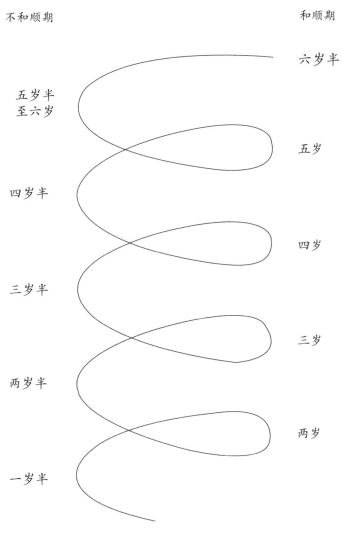

图一　和顺期与不和顺期交替出现

# 3. 给父母的提醒：对孩子有一份合理的心理预期

　　在这里，我们要给所有的父母一个很重要的提醒，不论你的孩子现在几岁，**请记住：不论是谁（包括我们在内），告诉你孩子将会有些什么样的行为，你都不必太过较真。**

　　所有的正常孩子都一样，他们的成长都会相当有规律。和顺期之后会跟着不和顺期，随后又再进入和顺期。这种交替肯定会出现，我们相当确信这一点。而且我们可以大致告诉你，按照常规来说，孩子的成长进程大概是什么样的。

　　但是，我们却不可能准确地告诉你，你的孩子会在什么时刻进入哪一阶段。我们也不可能准确地告诉你，你的孩子打破某一阶段或者顺应某一阶段的程度能有多深。有些孩子似乎永远都有些偏于不和顺的那一侧，哪怕是在最安详的年龄段里，他都更容易跟自己，也跟别人过不去。

可是还有些孩子，哪怕跟上面所说的别扭孩子同属于一个家庭，却有可能是一个仿佛永远生活在灿烂阳光之中的人。他的生活似乎总是很惬意，身边的人和事也总是很顺心，因此要做个好孩子也总是件容易的事。

所以，我们告诉你孩子在不同年龄会经常出现的典型行为，不是希望你为此而忧心忡忡，而是希望你能够有一份合理的心理预期，因此当孩子的行为达不到你希望他能达到的高度时，你不必为之感到焦虑与不安。

# Chapter 2

亲密融洽、和谐共处——

# 五岁孩子的
# 人际交往

　　五岁孩子心智的各个方面都会有一个很大的发展，他们更能够控制自己的行为，而且量力而行，所以与人相处和谐亲密。其中，与妈妈的关系最好，这个阶段的孩子格外爱恋妈妈，他最爱的人就是妈妈，最喜欢做的事就是让妈妈开心。

# 1. 与父母之间

## ❖ 格外爱恋妈妈

前一章已经告诉大家，五岁孩子的生活中最重要的人就是妈妈。他最爱的人就是妈妈，最喜欢做的事就是让妈妈开心，他甚至会经常把"我最好的亲妈妈"这样的话挂在嘴边。

尽管五岁孩子时时显得相当自信，可是他仍然十分需要妈妈的肯定。他很愿意妈妈时常在他的耳边说她有多爱他。所以，虽然他一方面心里笃信"我喜欢你，你也喜欢我"，另一方面却又常常去问他妈妈，"你爱不爱我？"

妈妈的话对他来说就是金科玉律。我们认识的一个学前班的孩子，在被老师批评了一通之后，平静地回答老师说："我不是一个坏孩子。我是一个好孩子。我妈妈说的，我是一个好孩子。"妈妈应该常常对孩子说这句话，这对孩子来说太重要了。

正因为五岁孩子认为妈妈肯定和自己心连心，所以，有时候他会误以为妈妈应该知道他的所思所想。当他跟妈妈说话的时候，常常没有足够的耐心把该说的话全都说出来，然后又反过来生妈妈的气，因为妈妈居然没有一下子听明白他想要说什么。作为五岁孩子的妈妈，你的脑筋要转得足够快才行。

而且，在孩子快长到五岁半时，假如他发现有什么事情不对劲的话，就很容易拿妈妈当出气筒。例如，有一天，贝丝的妈妈去接她放学回家，看见贝丝没有像往常那样欢呼雀跃地扑向她，而是拧着眉头来了这么一句："我不喜欢你。"

妈妈很聪明，平静地问女儿："怎么了？"

女儿回答："今天班上有一个生日派对，别的女孩儿都穿着漂亮的衣服，可是你却给我穿了一条背带裤。"

## ❖ 以爸爸为荣

　　五岁孩子虽然偏爱妈妈，但这并不意味着爸爸就该受到冷落。孩子往往也非常喜欢自己的爸爸，以爸爸为荣，喜欢有爸爸陪伴在身边。爸爸虽然往往不见得能够得到孩子对妈妈同量级的钟爱，但是，一旦五岁的孩子发起脾气来，倒霉的出气筒则常常是妈妈而不是爸爸。另外，每当夜幕降临，孩子需要寻求安全感的时候，他最需要的人还是妈妈。（假如一个单亲家庭之中爸爸承担了一切养育责任，一个五岁的孩子完全有可能把他对妈妈的爱全部放到爸爸身上。不过，我们并没有数据来证明这一点。）（译者注：被格塞尔人类发展研究所选为研究儿童成长的家庭都是"正常家庭"，也就是双亲和睦生活安康的普通家庭，所以他们没有单亲家庭孩子的研究资料。）

# 2. 祖孙之间亲密融洽

　　祖父母对五岁的孩子来说非常重要。多年的跟踪让我们很清楚地知道，祖孙之间的关系这时有多么的亲密融洽。不过，如果你要一个五岁孩子说说他的祖父母，孩子的回答却常常会让你觉得，他似乎更在意祖父母给了他什么东西，而不是他和祖父母相处的温馨感受。所以，一旦你问孩子他和祖父母在一起什么地方最好，他往往这么告诉你："她给我们做好吃的，给我们好东西。""他最喜欢送给我们漂亮的礼物。"

　　很有趣的是，他们对祖父母的描绘主要集中在头发上："灰色的、带小卷儿的头发""花白的头发""她有四个假发套""没多少头发，光秃秃的"。

　　除了头发之外，其他比较具体的描述还有："她很和善，给我们吃糖。""他们对我很好。""他们带我去吃冰激凌。""给了我们好多好多礼物。""允许我们玩到很晚。""他们挺和气的，我喜欢他们。""挺好的，圣诞节的时候给我一个漂亮礼物。""他们对我总是很好。"

# 3. 与兄弟姐妹相处和睦

　　五岁孩子和兄弟姐妹之间的关系，往往比过去有所改进。很多五岁的孩子和哥哥姐姐相处得都很和睦，而且他还往往格外爱护弟弟妹妹。小女孩简直就是家里的小妈妈，如果家里有小婴儿的话更是如此。不过，做父母的必须要清楚，五岁孩子这种疼爱小宝宝的天性，常常使得他做些超出自己能力范围的事情。因此，如果你家里的五岁孩子喜欢抱抱家里的小宝宝的话，你可一定要在一旁盯紧了。

# 4. 最喜欢与同龄人相处

　　五岁孩子相处得最好的人，是他兄弟姐妹之外的同龄小朋友。他这时的天性就是喜欢讨别人的欢心，喜欢让一切事情都顺顺当当，这使得他比以前的四岁以及后来的六岁都要更容易相处。不过，即便如此，孩子之间也还是会有争吵的时候，而且，两个孩子一起玩往往比三个孩子一起玩更融洽一些。

　　和大孩子在一起的时候，五岁孩子会相当乖巧，如果大家一起玩过家家的话，他甚至愿意扮演小宝宝的角色。

　　尽管五岁孩子这么友善，可是他偶尔还是会遇到跟他玩不到一块儿的人。究竟是谁的不是，在这里不是个问题。由于五岁孩子总是如此的温顺和友善，与人交往时无疑很容易受到伤害，所以我们应该保护孩子，避免让孩子和太霸道或者玩不到一起的伙伴一起玩。

# 5. 对陌生人谦和有礼

　　与陌生人在一起的时候，或者去见生人的时候，五岁的小家伙往往是一个很懂礼貌的、很友好的小人儿。只要注意别让孩子太累了，你身边能有这么个孩子相伴实在是很令人愉快。在很多场合下，五岁孩子的言谈举止和他的体力都会非常不错。因此，带着他乘飞机、坐火车、进餐厅，或者去商店买东西，你都不再会觉得他是个讨厌的小累赘。出门在外的时候，如果你的计划能顾及这个时期孩子的年龄特点，那么带着他一起去，会比不带他更让你觉得开心。

# 6. 尊敬并服从老师

　　如今新走进他生活中的一个重要人物，就是他学前班的老师。他和老师之间的关系会怎样呢？现在的五岁孩子肯定都已经有了在幼儿园和老师相处的经历，而且在很多情况下，幼儿园老师往往是孩子尊敬和喜爱的人，排名仅次于自己的父母。

　　不过，一个学前班老师的地位和幼儿园老师的地位略有不同。不论学校的环境多么宽松，学前班对孩子的要求毕竟比在幼儿园里要多了不少。幸运的是，绝大多数的五岁孩子能够满足老师的要求，而且他们绝大多数也喜欢自己的老师。他们之间的关系往往比较实际，也比较友好。由于这个年龄段的孩子天性柔顺，学前班的孩子通常都会认为服从老师是理所当然的事情，而且在学校外面也往往把老师奉为权威。

五岁孩子一般来说都会很喜欢他的老师。不过，此时师生之间的关系往往不如以前在幼儿园的时候那么亲昵，也不比之后六岁时对老师亲近。他虽然需要依赖于老师的帮助及关注，但是有时候回到家里还是会跟父母埋怨说："老师总让我做这做那。"好在总的来说，师生关系还是很让人愉快的。假如事情不是那么顺利的话，让老师到家里来坐坐往往能起很大的作用，做父母的一定要明白这对孩子来说十分重要。请老师来家里简单聊两句就好，不必很正式也不必聊很久。我们曾亲眼见证过孩子因为老师的短暂家访而彻底转变了他讨厌上学的心态。

Chapter

## 自主性和能力增强——

# 五岁孩子的
# 日常作息

五岁的孩子在饮食、睡眠、排泄、穿衣、洗漱等方面已具备了独立自主的能力，知道自己如何吃饭了，夜间睡眠大多是愉快而顺畅的，大小便也基本可以完全自理了，情绪和身体状况都朝着正向发展。但是在五岁半到六岁之间，孩子的紧张情绪较之前有所增加，宣泄的力度也有所增强。

# 1. 饮食：可以独立吃饭，但还谈不上"餐桌礼仪"

孩子如今已经五岁了，我们会认为他应该已经知道如何自己吃饭了。实际上也确实如此，如果把食物塞进嘴里就算吃饭的话。但是，如果家里有一定的吃饭规矩，那么这个年龄的孩子很可能达不到要求。他往往吃得磨磨蹭蹭，话也太多，以至于不少孩子吃到最后就该直接上床睡觉了。他还要在椅子里拧来拧去。幸好他已经不再像四岁时那样每每吃到一半就要上厕所，也不会像六岁时那样经常从椅子上掉下来。

## ❖ 食欲增加

孩子的食欲这时候一般都有所增加，而且通常还相当不错，只是有时吃得多些有时少些。虽然并非所有的五岁孩子都能做到一日三餐"乖乖"地吃饭，不过，由于五岁孩子喜欢把事情做完的天性，以及他这时候相当不错的持续力，还有他想要听话的意愿，因此，孩子往往最终能把餐碟里的东西都吃光，尽管在你看来他简直就能磨蹭到地老天荒。

## ❖ 喜欢简单的菜式

孩子对食物的偏好仍然相当明显。五岁的孩子喜欢简简单单的菜式，一份肉、几块土豆、几片生菜，加上牛奶、水果，应该是他最喜欢的。炖肉汁、炖菜羹、布丁类、煮熟的根茎类蔬菜等等，以及任何一种调味偏重、工序偏多的菜式，都可能遭到他的拒绝。五岁孩子依然尤其不喜欢吃那些黏糊糊的、疙里疙瘩的东西。不过，如果去餐厅或者去别人家做客，你的五岁孩子有时也会吃些他在家里不肯吃的东西。

## ❖ 吃相不够雅观

绝大多数的五岁孩子吃饭时不再需要多少帮助，除非孩子很疲倦了，或者一顿马拉松晚饭吃到了最后，太累了。很多五岁孩子已经会用餐刀涂抹食物了，不过他们还是不会用餐刀切食。（译者注：西方人吃饭须用刀叉，而不是用筷子。）

这时孩子在餐桌上的吃相还不够雅观，不过幸好多数父母对五岁孩子的要求往往比六岁时要宽松一些。因此，当一家人围坐在一起吃晚饭的时候，往往能其乐融融。五岁的"小吃客"有时候依然跟四岁的时候一样，说得比吃得多，而且嘴里常常含着食物就说话，也每每会有东西洒出来。有些孩子这时候仍然愿意用小围兜，不过大多数的孩子更愿意拿一条餐巾掖到领子里。总的来说，吃饭的时候很少有什么别扭。不论是在餐桌上还是在餐桌之外，五岁的小家伙真的愿意听从你的一切要求。

## ❖ 营养不良会导致孩子出现一些负面行为

现在越来越多的家长注意到，给孩子提供健康、品种多样、营养均衡的食物，实在是一件十分重要的事情。尤其是本·法因戈尔德博士的著作出版以后，越来越多的人意识到，低营养的饮食，尤其是食用了含人工色素和香精的食物、饮料，甚至药品等，有可能导致孩子出现一些负面行为。法因戈尔德博士认为，所谓的儿童多动症目前之所以呈现逐渐增加的趋势，跟孩子不合理的饮食结构有很大关系。

伦敦·史密斯博士在他杰出的著作《从饮食入手改善孩子的行为》一书中也指出，许多孩子的恶劣行为，其实是因为孩子的身体不能正常运作所致，而这又是因为指挥身体的大脑得不到适当的营养供给所带来的恶果。

他告诉我们，如果大脑前叶皮层（或者叫前脑）得不到适当的营养，那么原始脑（或者叫情绪脑）就会站出来操控孩子的身体。一旦如此，这个营养不良的孩子就会变得暴躁而霸道，你还拿他毫无办法。

而糟糕的是前脑的合理运作必须依赖于充足的营养供应，因为那里不能储存营养。不合理的饮食，尤其是摄取过多精白面粉和食糖（译者注：指面包、蛋糕、玛芬、派、饼干等甜面食），将会影响到身体机能的正常运行。举例来说，摄取过多的食糖能导致血液中的糖分降低，进而导致前脑停止运作。因此，一个前一刻十分可爱而后一刻却十分可憎的"双重人格"的孩子，很可能就是因为前脑营养不良所致。

# 2. 睡眠方面

### ❖ 上床睡觉变得相当顺利

随着一个学龄前儿童渐渐成长为学龄儿童，上床睡觉这件事对大部分孩子来说已经越来越容易。五岁孩子的就寝时间应该在晚上 7 点到 8 点之间，不愿意上床的孩子并不算多。孩子喜欢父母在这时给他们读读书、讲讲故事，在客厅里或者在孩子自己的房间里都可以。

睡前的准备工作在五岁时变得相当顺畅。许多孩子依然喜欢搂着他某个心爱的绒布动物或者小毯子上床睡觉。如果孩子一时睡不着，有些孩子愿意自己"读"些书，有些孩子则喜欢静静地躺在黑暗之中，轻轻地自言自语，或者自唱自娱。

很少有孩子这么大了还需要频频爬起来吃东西、喝水、上厕所；不过即使他需要起来，五岁的孩子也大多能自己照顾自己，不需要再打扰父母了。

## ❖ 夜间偶尔会做噩梦，且会延续到第二天

说到目前为止，一切都很好。但是，五岁的年龄段看来颇有些"有好心没好报"的感觉。因为，我们的五岁孩子在那么乖巧了一整天之后，有时候会很不公平地被"赐予"夜间的噩梦和梦魇。孩子这时候的噩梦主要以可怕的动物为主，以至于他有可能惊醒过来，然后哭泣，甚至尖叫。

刚发生这种情况的时候，这种架势很可能会让父母觉得十分担心。孩子明明刚才还高高兴兴地躺下睡觉，几个小时以后却被吓得这般大哭，泪珠顺着小脸蛋儿滚滚而落，甚至还可能愤怒地推开你想要去安抚他的手。孩子惊醒之后，往往很难说得清楚刚才做了什么梦。不过好在大部分的孩子都很容易哄，你的温言软语可以很快让他安静下来。孩子会做不少梦，有可怕的也有不可怕的，在这个年龄段其实十分常

见，真的很少是值得焦虑的大问题。

这种噩梦带来的恐惧偶尔还会延续到第二天，孩子可能会带着满脸的惊慌和胆怯跑过来跟你说："我有些害怕。"必要的时候，你可以跟孩子说说话，让他把心里的惊惧释放出来；不过大多数情况下你只需要跟孩子换个话题，或者换件事情做做，孩子就会没事儿了。

孩子做噩梦只是偶然现象，五岁孩子的夜间睡眠大多是愉快而顺畅的。

### ❖ 睡眠时间

通常来说，五岁孩子的睡眠时间是 11 个小时左右，早上七八点就可以醒来了。醒来以后孩子大多可以自己照顾自己，穿上睡袍和拖鞋，上趟厕所，然后回到床上写写画画，翻翻书，一直等到他该起床的时候才下床。

# 3. 排泄：大小便基本可以完全自理

尽管许多孩子在四岁的时候就已经养成了很好的卫生习惯，但还是有不少四岁的小朋友需要有人提醒他去上厕所，而且上过厕所之后还要过来向你汇报他的"成绩"。

但是到了五岁，就不一样了。大多数的五岁小朋友已经能很好地控制自己的大小便，而且几乎可以完全自理。

## ❖ 适当地提醒孩子小便

孩子小便的频率已经降低了许多，所以他不必总是惦记着上厕所。不过，这也可能导致他在该上厕所时不去上厕所。如果你看见孩子在椅子上摇来摇去，或者看见他踮着一只脚跳，这就是你应该提醒他去上厕所的信号。

不过，有些孩子仍然会跟四岁的时候一样，就是不愿意停下游戏去上厕所。假如孩子多次因此"出问题"，那么明智的做法是妈妈去跟孩子商量好，下次你会用摇铃或者吹哨来提醒他，他一听到你的信号就要赶紧行动。带孩子出去玩或者出趟小远门之前，你也应该提醒孩子"去"一下。

## ❖ 夜晚偶有尿床现象

至于夜晚，虽然我们并没有准确的统计数据，不过估计应该有半数的孩子已经通宵不再尿床了，当然其中有些孩子需要父母深夜入睡前叫他起来撒尿。如果父母叫孩子起夜时发现他已经尿湿，或者是早晨起来后发现孩子已经尿湿，那显然半夜叫他起来撒尿很有必要。当然，如果半夜不叫醒孩子也能通宵干爽，则不须夜夜打扰他。

如果父母认为半夜应该叫孩子起一次夜，那么我们建议这时候最好不要完全唤醒孩子，以免太过打扰他的睡眠，而且他随后也容易很快重新入睡。

另一方面，如果你的五岁小宝贝半夜还是会尿床，我们建议你只需把孩子包得紧一些，外加一块橡皮垫子保护床褥。

从我们的角度来说，我们并不认为一个五岁的孩子尿床是一个问题；当然从父母的角度来说，这的确是一个麻烦。你可以借助尿床治疗仪（译者注：尿床治疗仪在《你的 4 岁孩子》中有比较详细的介绍。这实际上是一种尿湿蜂鸣器，孩子一旦尿湿以后会一直响个不停，直到有人过来关掉开关。这时，父母自然会唤醒孩子起来撒尿，渐渐地，孩子就会自己知道醒来撒尿了），不过，理想的做法应该是等孩子满六岁之后，在儿科医生的指导下进行，这样会更为妥当。


## ❖ 大便可以完全自理，且已经相当有规律

大多数五岁孩子的大便已经相当有规律，对孩子和家长来说这都不再是一件麻烦事。有些孩子每天大便的时间相当"准点"，当然，也有些孩子没那么"守时"。大部分孩子一天一次，不过并非所有孩子都如此。如果孩子偶尔便秘，你

可以给孩子喝点儿李子汁（译者注：若没有李子汁，可以给孩子喝点儿芝麻油），或者是药性柔和的通便剂。

小便方面，孩子来找妈妈汇报"战绩"的情况大大减少，于是大家都因此而少了一桩事儿。

很少还有哪个男孩子会在这个年龄继续坚持抗拒如厕训练，而偏要坏习惯地拉到裤子里。（话虽如此，偶尔还是会有孩子哪怕到了六岁都还有反复。）这种问题在五岁孩子身上可以说是极少见了。

# 4. 洗浴：洗手容易洗澡难

## ❖ 洗手态度积极，且能够自理

"饭前洗手"这一条，五岁的孩子往往做得很好，若是有人提醒的话就会做得更好。也就是说，他还不太会自己主动去洗手；不过一旦有人提醒，他不但不会抗拒，而且还会洗得干干净净。

## ❖ 享受洗澡，但需家长帮忙

但是，洗澡就没有洗手这么容易了。虽然他喜欢洗澡，也愿意尽量自己洗，可是他的能力毕竟还很有限。阿诺·格塞尔博士，也就是我们这项研究的开山鼻祖，曾经指出："这个年龄的孩子仍然需要成年人帮助他清洗、梳理、修剪指甲。"其实，何止如此啊。

事实上，五岁孩子能洗得最干净的地方，恐怕只是他的手和膝盖，除此之外的部分他很需要你的帮忙。如果你不去提醒他，他甚至可能对一侧膝盖洗了又洗，而不知道他早该挪挪位置洗另一侧膝盖了。还有，给孩子放洗澡水的事情仍然需要由妈妈来承担。

因此，我们还不能说五岁的孩子已经会自己洗澡了；不过，他很**愿意**配合，也很乐意进澡盆。洗澡对大多数的五岁孩子来说是一件愉快而放松的事情。然而，为了能节省点儿时间，很多妈妈宁愿自己动手给孩子洗澡。虽然还有不少孩子依然喜欢一边洗澡一边玩水盆玩具，不过如今他们大多只得被迫放弃这一乐趣了。

# 5. 穿衣：已具备自主能力，
　　会做却不肯做

　　五岁孩子的妈妈常常对我们说："他会做，可是他不肯做。"也就是说，除了系鞋带以及扣一些很难扣的纽扣之外，孩子已经具备了给自己穿戴整齐所需要的大部分的能力，只不过他常常不肯用罢了。

　　有些妈妈会帮孩子把衣服铺开来，而且按顺序一件一件摆好，这样孩子会容易很多，否则就有可能把衣服穿反了。

　　妈妈需要帮到什么程度最合适，这需要你根据孩子的能力来判断，有些五岁孩子其实已经可以自己做得相当好了。不少孩子已经做到每星期中有两三天全靠他们自己穿戴整齐，不需大人帮忙。当然，还是有些孩子更愿意依赖妈妈替他做这些事情。

脱衣服也和过去一样，比穿衣服做起来容易很多。

另外，虽然五岁孩子已经展现出穿戴方面的诸多自主能力，可是，几乎没有哪个孩子会好好爱惜自己的衣服。哪怕是很在意打扮、在意漂亮衣服的女孩子，也不会好好爱护她心爱的衣服。

# 6. 紧张情绪：和顺期与不和顺期的差别

## ❖ 五岁到五岁半：宣泄行为少了很多，主要用语言宣泄紧张

五岁不是一个偏于紧张的阶段，因此，一般来说五岁的孩子和他更小的时候相比起来，宣泄紧张情绪的动作自然而然地就少了很多。

这个时段里，孩子脸上的怪异表情已经很少，不过他偶尔还会有些眨眼睛、皱鼻子的动作。虽然大部分孩子仍然会把手放进嘴里、挖鼻孔、咬指甲，或吸吮拇指等，但是往往都只是

其中之一罢了，不会样样都来。

尽管大多数的孩子已经不再吸吮拇指，不过少数孩子还会继续这种动作，尤其是当他很累或者该上床睡觉的时候。孩子看电视、听故事的时候，也容易出现这种动作。假如你的孩子还情不自禁地做这样的动作，你就由着孩子去吧。

如果孩子的吸吮行为越来越少，你又想帮助他早点儿戒掉这个动作；或者是你已经实在受不了孩子继续吸吮，那么可以试试看在孩子的拇指上贴一个创可贴。如果孩子吸吮的是他的小毯子什么的，你也可以把这些东西收起来，让他拿不到。不过，正如凯瑟琳·恩斯特在她的《丹尼和他的大拇指》一书中所倡议的那样，如今越来越多的父母已经知道应该让孩子觉得吸吮拇指不是什么坏行为，不必非要孩子戒掉不可。

孩子早些时候的其他一些宣泄紧张的行为，比如说使劲摇晃床栏，或者往床栏上撞脑袋之类的动作，大多已经消失了。还有，五岁的孩子也不怎么需要打滚撒泼之类的发泄途径了。

在行为测定之中我们发现，五岁孩子宣泄紧张情绪，主要通过语言表达出来，不再像四岁多的孩子那样，需要靠大幅度的身体动作或者情绪化的渠道来宣泄。孩子在学校里感到紧张时，他的手可能会在自己的头或是身体的某个地方迅速地游走一下，比方说，捏捏自己的大腿，抓抓自己的胳膊或小腿，揪揪自己的衣服，或者稍微从椅子里欠欠自己的屁股，等等。

抚摸生殖器官的现象似乎是件很个人的事情，我们尚未发现这个动作严重到有谁报告说看见别的孩子如何如何的程度。不过我们大家都认为这样的行为不会伤害到孩子。做父母的如果发现自己的孩子有这样的动作，只需简单地告诉孩子回自己屋里去做，不要在大庭广众之下就行了。


## ❖ 五岁半之后，紧张情绪增加，宣泄力度增强

等孩子长到五岁半之后，随着他的年龄越来越靠近情绪偏于紧张的六岁，孩子紧张情绪的宣泄不但在数量上会逐渐增加，程度上也会逐渐增强。这时候你会看见孩子重新出现好几种不同的宣泄动作。例如把整个手放进嘴里、挖鼻孔、咬指甲，或吸吮拇指等动作都会呈增加趋势。除此之外，还会出现使劲清喉咙、咂吧嘴唇、弹舌头等动作。如果功课有些吃力，或者老师的要求比较严，那么孩子的结巴、咬指甲、吸吮拇指等动作可能会显得更突出。在学校里，五岁半的孩子大多会有嚼咬铅笔或者敲打铅笔的行为，女孩子还有嚼自己的头发的倾向。

# 7. 健康状况：脾气和身体都相对良好

在多数情况下，你的五岁孩子这时候不但应该有相对健康的脾气，而且应该有相对健康的身体。只是，孩子有可能会被染上传染病。这时候最容易得的传染病是百日咳和天花。麻疹以前相当常见，但是现在已经控制得很好了。（译者注：这本书发表于1979年，因此这些病症是30多年以前的常见病，现在的家长们大可以放心了。）

感冒，跟前面的四岁，尤其是和后面的六岁比起来，实在算得上很少了，一个五岁的孩子可能只不过在冬天感冒一两次而已。肚子疼倒是有些常见，可能跟孩子吃饭太快有关，或者是因为孩子再三拖拉着不去大便而憋到肚子疼了。

Chapter

**4**

用爱和关注来感染孩子——

# 五岁孩子的
# 管教方式

　　五岁的孩子正经历着一个金色的童年，作为父母，无疑会享受一段幸福的时光，根本不需要任何"技巧"。但是，孩子毕竟是不成熟的，一旦你认为孩子做了不该做的事情，最好的管教方式就是把握孩子"求关注"的心理，用爱来感染孩子，从正面的角度与其沟通并防患于未然。

请问，大家怎么看待我们前几本书中提到的，那些让父母觉得很管用的、能令孩子听话的所谓"技巧"？

"哼，把戏！"有些祖父母肯定对这些东西嗤之以鼻。他们还记得自己年轻的时候，根本不需要这些骗人的把戏，就能把孩子收拾得服服帖帖。

且不说这些办法是不是"骗人的把戏"，在孩子的某些年龄段里，比如说两岁半、三岁半，还有四岁的时候，许许多多的父母可能就靠着这些十分管用的技巧"救命"呢。

当然，也有一些为数不多的美好年龄段，这时候孩子会变得很温和、很乖巧，此时做父母的根本不需要任何"技巧"。五岁，无疑就是这样一段幸福时光。五岁的孩子，大多变得愿意把任何事情都做好，愿意讨父母的欢心。孩子这时候的格外"听话"，发自内心，出乎自然。

因此，针对五岁的孩子，我们不再需要像前几本书那样，列举一些管用的"技巧"；相反，我们打算用这一章来讨论一下管教孩子的基本观念。

# 1. 最好的管教方式

　　且不忙讨论我们将有些什么建议给你，你可能会有兴趣先来看一份有关家长如何管教孩子的调查报告。这次调查有数千个家庭回应。其中，52% 的家长承认他们的主要管教方式是吼叫和责骂；50% 的家长承认他们打过孩子屁股；另有 38% 的家长曾把孩子关在房间里；32% 的家长禁止孩子出去玩；23% 的家长让孩子到自己小床上去关禁闭。这个调查数据，跟我们自己小时候成长的环境相比，似乎并没有多少不同。

## ❖ 把握孩子"求关注"的心理

菲茨休·多德森博士有一本书叫作《如何以爱来管教孩子》，这是一本专门谈论如何管教孩子的著作，而且讲解得十分透彻。在这一本书中，多德森博士指出：我们上面列举的这些管教方式几乎没有一条是有效的方式。他列举出的一些最低效的管教方式中，就包括了责骂、教训、责打，以及取消孩子的某项资格。

他特别指出，"惩罚的威力所带来的后果，是孩子对成年人的敌视、憎恨和报复之心。**你根本就不可能通过激起孩子的这些负面情绪来传授孩子得体的举止。**"

多德森博士，以及其他和他持一样观点的人，相信孩子非常渴望成年人的关注。因此，如果五岁的孩子觉得自己做得"好"的事情并不能让他得到他所向往的关注，也就是表扬和夸奖，那么他会有意去做"坏"的事情以寻求关注，也就是遭到惩罚和斥责。对许多孩子而言，哪怕遭受惩罚也比根本得不到任何关注要好很多。

所以，多德森博士给我们的建议是，除非孩子做出以下不良行为，否则家长不应对孩子的其他负面行为予以关注：(1)会给孩子造成实际伤害或者危害的行为；(2)会损坏东西的行为;（3）会戳到你"命门"的行为。

## ❖ 具体的管教方法

那么，一旦你认为孩子做了不该做的事情，该怎么办？多德森博士的建议如下：

### （1）冷处理

让孩子回到他自己的屋里去。切记不可把这一要求当作惩罚孩子的手段，你的声音不可充满恼怒，而应只是平静地、就事论事地去说去做。

### （2）控制环境

虽然孩子已经长到了五岁，你还是应该把家里布置得适合小孩子安全活动，这能减少许多麻烦。

### （3）允许孩子宣泄

允许孩子宣泄负面的感受，同时尽量帮助孩子明白有些行为其实于事无补。

### （4）用"回馈"技巧

也就是说，倾听孩子的诉说，弄明白孩子**真正想要表**达的是什么，然后按照你的理解把孩子表达的情绪复述给他听。

### （5）建立一个正面的奖赏机制

如果孩子遵守家里的规矩，听你的话，那么就请你给予孩子正面肯定，而不是反过来在孩子淘气捣蛋的时候予以负面惩罚。

### （6）和孩子讲条件

即使孩子不过才五岁，你也可以在一定程度上跟孩子"讲条件"。比方说，假如孩子的行为让你比较满意，或者完成了他承诺的某件事，那么你也要满足他的某个心愿。

上面这些具体的管教方法对你或许有用，但是，万一最糟糕的事情发生，你又一时愤怒得失去了控制，打了孩子的屁股，那么，你也不必为此自责。毕竟你也有做父母的权利，而且归根结底你是老大。

# 2. 管教原则：对孩子有一份合理的期望

话又说回来，管教孩子最要紧的一条是我们的管教必须要先弄明白父母对一个五岁孩子的期望是否合理。许多让孩子遭到惩罚的"坏事"无非是因为他还不够成熟而已。换句话说，是我们有时候对孩子的要求过高，却反过来因为孩子达不到我们的期望而惩罚孩子。从某种意义上来说，这一点也就是我们这本书想要告诉你的一切。

### ❖ 用理解和平静的态度对待孩子的"错误"行为

父母常常容易对孩子要求过高。这里，我们来列举两个事例。

五岁孩子一般来说会难以启齿承认错误。因此，假如孩子打碎了花瓶，你去问他是谁干的（你心里当然知道是他干的），孩子很可能会跟你说，不是他干的。

假如所有的证据都证明了他就是罪魁祸首，那么请你转个弯，问问孩子是怎么打破花瓶的。他这时往往会告诉你刚才是怎么回事，而且往往很令人感动："呃，我从桌子边上转过去，跑得太快了点儿，我没有看到那个花瓶。"这时，妈妈应该这么说："是我不该放到那里。不过下一次请你小心一些。"

假如你因为花瓶被打碎了很生气，非要惩罚孩子不可（其实，是你原本就应该把花瓶放到孩子碰不到的地方），那就责罚他好了。但是，你千万不可因为孩子"撒谎"否认他打碎了花瓶，而加倍惩罚孩子。

实际上，即使孩子知道他不太可能遭到惩罚，一个正常的五岁孩子也不能做得到只说实话。他会尽量说实话，但不见得总能做得到。

还有一点，五岁的孩子未必一定管得住自己，不去拿别人的东西。他想要拿东西的愿望，跟他是否能明白那是别人的东西的意识相比，前者要强烈很多。我们当然不应该纵容孩子去拿别人的东西，但是做父母的也不应为此震怒。
这孩子还需要成长相当长的一段时间，才能够达到对别人
的物权和自己的物权同样看重的程度。（有些五岁孩子会把
自己偷来的东西藏起来或者毁掉，这其实表示孩子已经知
道这么做是不对的了。）

　　总而言之，事先的预防要比事后的惩罚好百倍。不过，
假如你一定要惩罚孩子，请尽可能在责罚时让自己保持冷
静。好在五岁的孩子很愿意做好孩子，也很愿意把事情做
好，因此，幸运的话，你们大部分的日子都会是风光旖旎的
美好时光。至少，在孩子长到五岁半并且向着六岁走去之前
会是如此。

# 5
*Chapter*

爱玩、爱读、爱创造——

# 五岁孩子
# 所具备的能力

　　五岁的孩子各方面的能力获得进一步发展，能够协调好他想要做的事情和他能够做得到的事情。他最喜欢做的事情就是玩儿，爱听故事的嗜好达到了整个童年阶段的最高峰。此阶段父母应当为孩子提供发展创造力的机会和条件。

# 1. 最喜欢做的事情就是玩儿

　　当孩子还只是一个小婴儿的时候，他的每一步成长，都能给你带来巨大的喜悦与兴奋。孩子说出的第一个字、迈出的第一步、长出的第一颗牙，都能让你如此欣喜若狂，仿佛在此之前从没有过这样的事情似的。

　　等孩子长到了五岁，虽然他仍然不断地推陈出新，继续往他的表演节目单里添加新的条目，不过你大约对孩子的层层刷新也有些习以为常了。当然，你还是为他的新本领感到由衷的喜悦。只是，如果他的进步稍微慢了一点儿，你不再会那么着急；如果他的进步稍微快了一点儿，你也不再会那么得意。

到了五岁时，一个孩子想要做的事情和他能够做的事情，终于达到了一个平衡点。他最喜欢做的事情，就是**玩儿**。大多数的五岁孩子也的确都玩得很好了。孩子对身体的控制此时更加顺畅和娴熟，因此玩游戏时很少再需要成年人的帮助和引导。

学前班很适合五岁孩子，因为学前班里的各种常规活动都是他非常喜欢的内容。剪纸、描摹、绘画、贴画、穿珠、用碎布头和碎纸头做工艺品等，这些会搞得到处都是碎屑与狼藉的活动，给了五岁孩子充分的机会，去反复实践他与日俱增的创新能力与动手能力。

男孩子和女孩子都很喜欢各种各样、大大小小的积木，不过他们的玩法有些不太一样。女孩子喜欢替她们的洋娃娃搭房子，男孩子却喜欢用积木搭建公路、轨道、桥梁、隧道、卡车、飞机、消防车，等等。

也有男孩和女孩都喜欢做的事情，那就是用大型积木搭建房子，或者把椅子倒着架起来，盖上毯子搭成"帐篷"，然后他们躲到里面去唧唧咕咕。一旦钻进去了以后，孩子通常只在里面安静地说说话，庆幸他们躲过了一场想象之中的危险，现在终于"平安无事"了。

洋娃娃也是五岁孩子的最爱之一。不论男孩女孩，他们都喜欢用洋娃娃玩过家家的游戏，而且自然而然地会把娃娃当成他们的小宝宝，给小宝宝穿衣服、喂吃的、哄睡觉，或是把小宝宝放到小婴儿车里推出去走走。他们过家家的时候，总会有一个"爸爸"或"妈妈"要出去"上班"，另一个人则留在"家"里，照顾"宝宝"，忙活"家务"。

他们还会玩些医院游戏，当医生、当病人，不过没有四岁的时候兴趣那么大；至于假装在学校里当老师、当学生，则往往要等到六岁左右才会开始。

几乎所有的孩子都很喜欢各种全身性的活动。人人都喜欢骑三轮脚蹬车、荡秋千、滑旱冰，爬上爬下、蹦蹦跳跳，或者是从高处往下跳。要是有一棵比较容易爬的树，那么他肯定喜欢爬到树上去。跳绳这一活动也渐渐兴起，甚至还有耍杂技、空中飞人、踩高跷等。溜冰和滑旱冰都是很受五岁孩子青睐的活动。

　　除了男孩女孩都喜欢的游戏之外，女孩子比较喜欢缝纫，男孩子则比较喜欢木工活。彩色拼图也是男孩女孩都喜欢的游戏，有些空间感觉较好的孩子这时已经可以熟练地应付相当复杂的拼图了。

　　一些简单的科学类的玩具，比如磁铁、放大镜、手电筒、听诊器等，开始得到孩子们的喜爱。还有些五岁孩子则喜欢花很多时间玩图片配对，或是特别喜欢描红写字。

　　过家家等幻想类的游戏，依然令五岁孩子十分着迷。不过，这个年龄的孩子实际上更喜欢玩真的东西，因此他们最偏爱玩的是实实在在的东西，例如做各种手工、玩复杂的拼图，以及需要一定智力水平的游戏。五岁的孩子确实已经长大不少了。

# 2. 阅读方面：喜欢读书，钟爱属于自己的书

　　有人读书给他听，是许多孩子从很小的时候起就非常喜欢的事情。等孩子长到五岁，这种兴致简直达到了整个童年阶段的最高峰。实际上，对五岁孩子来说，没有什么能比你读书给他听更让他开心的事情了。当然，他也很喜欢花相当多的时间自己看书，从书里面搜寻他认识的字，甚至有时候真的可以自己读懂一点点。

　　五岁孩子跟四岁的时候一样，依然十分喜欢幽默、滑稽、荒谬的书，例如，本顿的《别指望会来一只七尺大熊》、凯斯勒的《熊宝宝也用椅子吗》等。

　　他们尤其喜欢把动物拟人化的故事，例如杜沃辛的《树

上的鳄鱼》和《喇叭花的宝藏》。能帮助孩子学习知识和提高理解力的书也很受欢迎，例如，哈福特的《颜色》以及《有趣的反义词》。最受欢迎的是托尼·昂格雷尔的《柯里克塔》，柯里克塔是一条大蟒蛇，能把自己拧成不同的数字和字母，孩子们非常喜欢辨识这些有趣的变形。

　　五岁的孩子很钟爱属于自己的书，因此买本书送给孩子会让他十分快乐。

# 3. 看电视最受欢迎

比起听收音机，大多数的五岁孩子更喜欢听自己的唱片，尤其喜欢反反复复地播放同一首曲子，有些还一边播放一边跟着自舞自唱。少数孩子已经可以在钢琴上弹出几个音来，不过大部分孩子还对此不感兴趣。也有少数孩子更喜欢听收音机，尤其喜欢听他自己的便携式收音机。

电视无疑是最受孩子们欢迎的了。我们询问的时候，大多数的孩子都承认他们每天看"很多"的电视，不过这个"量"各家各户其实很不一样。有些家长仍然很严格地限制孩子看哪些节目、看多长时间，有些家长则相对宽松许多。

照孩子自己的话说，他们想看多少就可以看多少，可是大多数家长却否认这一点。女孩子说看什么节目往往由她们自己决定；男孩子则说由父母和他们一起决定。受欢迎的节目包括"芝麻街""罗杰先生""兔八哥"，以及星期六的卡通片等。孩子们最不喜欢的节目包括新闻、连续剧，以及"吓人"的内容等。

关于看电视，女孩子会这样说："我是电视迷！""我什么都可以看，就是不喜欢坏蛋！""我最喜欢卡通了！""我爸爸也最喜欢看电视。""我在外面玩了一大圈以后，才会回来看点儿电视；要是看得太多了，最多也就对我眼睛不好罢了。"

男孩子则会说："我妈妈不让我看这么多电视。""有时候放学回家，家里一个人都没有，我就可以想看什么就看什么。""我爸爸和我一起看垒球比赛。""他们有时候不管我，有时候会要我别看了。"

# 4. 自编故事依然带有暴力色彩

　　虽然表面平静，可是水面下却很可能暗流汹涌——这就是五岁孩子。尤其等他长到了五岁半快要六岁的时候，就连表面的平静都越来越不容易维持得住了。

　　虽然没有哪个孩子的父母愿意再添点儿烦恼，不过五岁孩子的家长最好要明白，孩子这时如此"天使般"的行为，很可能是有代价的。瞥一眼表层下面也许就能看到点儿什么，尽管一般来说成年人对此往往浑然不觉。

　　表层下面暗流的深度和凶险，只要有机会孩子就会通过语言表露出来，比如说通过孩子自编的歌词和故事。有一个很温和的五岁小姑娘给我们讲了一个这样的故事（当然在我们看来，这样温和的孩子讲这样吓人的故事，是十分正常的现象）：

从前有一个小女孩。她说："哈，我的牙就要掉出来了。牙仙女肯定会给我礼物，她说过她要给我一个装满了蜡笔的小笔盒。"那天晚上，这个小女孩睡着了，牙仙女给她送来了蜡笔盒。小女孩以为不会再有什么别的了，可是牙仙女却说还有别的东西，不过不能告诉她，因为那是一个秘密。

后来，小女孩睡醒了，在她枕头底下找出了18件礼物。她说，"我下个星期每一件事情都要好好做，不做一件错事。"然后她就拿出了她的印第安刀，杀掉了一些印第安人，因为她要吃掉他们。印第安人吃起来很好吃，他们肚子里有果汁，她就喜欢果汁。

我们问小姑娘，为什么故事里的小女孩喜欢杀印第安人，她这样说：

"因为他们是坏蛋，要杀掉她妈妈。他们已经杀掉了她爸爸。"

实际上，在五岁这个年龄段里，孩子们的幻想故事中常常会让父母死掉。后来这个小姑娘在她自编自唱的歌词中还这样唱道：

"那些印第安人杀掉了这个小女孩的妈妈、爸爸，还有她的姐姐和哥哥。她只剩下独自一人。啊不，她不是独自一人，她去了朋友家，和朋友住在一起，他家里有 18 个小椅子和小桌子。后来爸爸和妈妈都活了过来。"

这只是一个小姑娘的故事而已，那么其他的五岁孩子怎么样呢？我们发现，在孩子们自己编撰的故事中，70% 的女孩子以及 65% 的男孩子的故事主题会带有暴力色彩。而最主要的暴力话题大多集中在死亡、事故、豪强霸道、伤害他人这几方面。

而且正如我们所料，女孩子的故事多以小女孩和妈妈为主体；男孩子则以其他男孩为主人公。男孩子的故事中妈妈的形象比女孩子的要更正面；而不论男孩女孩，他们故事中爸爸的形象都是正面的。

还有，五岁孩子编撰的故事背景，大多已经不再发生在自己的家里，不过他仍然喜欢把故事场景放在他熟悉的邻里之中。虽然故事的场景离他们的真实生活并不远，30% 的女孩以及 45% 的男孩却还是以幻想故事为主题。

# 5. 创造力方面：为孩子提供发展创造力的机会和条件

不言而喻，讲故事并不是我们既可爱又活泼的五岁孩子显示他创造力的唯一方式。创造力可以通过各种不同的途径和方式展现出来。很多人一说到创造力，所想到的很可能只局限于绘画或者音乐。其实不然，我们未免忘记了创造力其实可以从很多方面表露出来。

最重要的一点是，父母要为孩子提供各种各样的能够发挥孩子创造力的机会。假如你的孩子在语言方面最有创意，那么给他机会去写；在他会写以前，给他机会去说，比方像前面所举的孩子讲故事的例子一样，让孩子给你讲故事。

同时也请你千万要记得，如果你很希望孩子能有创造力的话，请给孩子提供充足的原材料让他去创造，尤其是孩子最初的这几年，比如给孩子充足的手指画颜料、毛笔画颜料、橡皮彩泥等。此外，现在已经可以买到适合小孩子的最简单的乐器，各种布偶也可以激发孩子表演戏剧的才华。还有，不需要任何设备就能让孩子展现才华的舞蹈，也是激发孩子创造力的一个非常好的途径。

实际上，你若想要给五岁孩子创造条件以发挥他们的创造力，各种各样的设施或工具其实并不是必不可少的东西。你只需要像以前那样，带孩子出去散个步，就已经非常好了。你们可以边走边聊，随便看到什么东西，都可以聊一聊。

最为重要的一条是，你必须知道，孩子的创造力不是任何人能够培养出来的；给孩子提供材料和机会，鼓励孩子去**发挥**他的创造力，才是正道。你不可能替孩子决定他要拥有哪方面的创造力，每个孩子都有他自己的兴趣与所长。

丽莎·利普曼出了一本非常有创意的书——《你孩子的感知世界》，在这本书里她指出，有些孩子天生就能说会道，有些孩子的触觉十分敏锐，有些孩子擅长做各种运动，有些孩子的鼻子格外灵敏，有些孩子的舌头能辨百味……

并非每个孩子都能够继承父母所长，但是，如果你在家里能为孩子提供相对丰富的成长环境，让他徜徉在音乐、艺术、书籍之中等，这肯定会对他很有好处。这些东西不见得一定能造就一个艺术家、作家或作曲家，但无疑能有助于激发孩子可能具备的任何潜能。

你们有些人可能会觉得自己毫无创意细胞，比如说你既不会绘画也不会雕塑，既不会编织也不懂乐器。可是你知道吗，不论是你的话语还是你的双手，其实都可以很有创意。弥尔顿·A.扬写了一本非常好的书——《教你开发孩子的创造力》，我们从中摘选了一些他的建议提供给你。这些建议本身已经很有创意，而且我们认为它还能促使你想出更多类似的方法来。哪怕你住的房子或者公寓很小，哪怕你没有多少传统的艺术创作材料，你其实都可以让生活充满创意。

1. 随便一个简单的日常用品，比如说铅笔或回形针，拿来问问孩子，还可用来做什么。鼓励孩子想出一些新奇的，甚至傻气的用法来。

2. 假如某件事情发生了，问问孩子，可能是由哪些原因造成的。比如说，他朋友哭了，为什么？是不是其他孩子讥笑他了？

3. 给孩子看一张图画，然后让他根据这张画来提问题，问得越多越好。

4.假如有个小朋友遇到了困难，问问孩子，他能想出些什么办法来帮帮人家。比如说，没人喜欢他，该怎么办？

5.指着一件孩子熟悉的东西，例如门、窗户等，问问他能不能想出什么别的用途来。

6.假设一个比较难一些的问题，比如小朋友上学时忘记带买午餐的钱了，问孩子能想出什么办法来解决问题。

7.让孩子给你讲一段故事，或者自己编一段诗词、歌曲、舞蹈等。

8.虽然孩子这时候可能还不到喜欢收集东西的年龄，不过，一旦孩子显示出对收集东西感兴趣的倾向，你可以帮着孩子开始一些简单的收集。比如说，收集各种圣诞贺卡，这是再容易不过的了。

9.五岁孩子虽小，但他们有些却已经有足够的能力和想象力玩一些比较有挑战性的智力游戏了，比如说方格棋。

10.列出一组东西，让孩子寻找它们的共同点。例如，树、松鼠、蚂蚁、盆栽、鱼，这些都是活着的东西。

11.玩"二十个问题"。即让孩子通过问二十个问题，来推断你心里想的是哪一个字。

12.给孩子看一张图片，几秒钟之后收起来，然后让孩子详细描述他记得的具体内容。

简而言之，有许许多多的途径可以让一个五岁孩子发挥他的创造力和想象力。他可能会通过一双灵巧的手来展示，也有可能通过音乐，甚至干脆用言语来表达。关键一点是你要找到一种你和孩子都觉得享受而且舒坦的方式。不要因为你觉得自己从来就没有什么创意就什么也不去做。其实我们任何一个人都有能力有办法帮助一个五岁的小孩子展现他的创造力。

# 6. 身体能力有所发展，活动量减少

那么现在，孩子的这一切行为的根基，也就是他的身体，会是什么情形呢？

### ❖ 协调能力增强

和四岁时的张扬相反，五岁孩子的身体呈现出有控制的平衡。他的动作和体态都不再像四岁时那么张牙舞爪，而是收敛了很多。他的胳膊顺贴着躯体，他的双腿并到了一起。如果他注意到了什么，他的眼睛和头颅会几乎同时转向那个方向。他会径直走向目标，而且正面朝向它。他如果想要坐了，会直接朝着椅子走过去，然后坐下来。

肢体的活动能力到了五岁时又进步了不少。这时，他走路时脚掌的起落可能还有些不够自然，不过他已经能够走直线，下楼梯的时候能左右脚交替着一步一个台阶，还会左右脚交替着一步一跳地走。

这种左右交替的动作在他的其他身体活动中会经常用到。比方说前面讲到的，他非常喜欢骑三轮车，而且骑得很熟练。他的攀爬动作十分稳当，而且对踩高跷、滑旱冰之类的活动相当有兴趣。

## ❖ 活动量减少

五岁孩子这种不肯多浪费一点儿动作的做派，和四岁时做什么都张牙舞爪的折腾形成了鲜明的对比。他可以保持一个姿势很长一段时间，因此显得比以前更加内敛和安静。不过，一方面虽然他可以规规矩矩地在你规定的范围内玩得更久，另一方面他又很乐意过来做你的好帮手，喜欢楼上楼下地帮妈妈拿东西，在厨房和餐桌之间一趟一趟地来回递东西。

### ❖ 手指动作娴熟

他手指的动作也越发娴熟，现在他会喜欢系鞋带，看到任何纽扣都想要去扣上它，还喜欢在纸卡上穿针引线。他这时还喜欢把他的手指放到钢琴上，敲出一组"和弦"来。

孩子偏好用左手还是右手，大约会在这时候看出端倪来。到了五岁半的时候，就更容易通过观察孩子喜欢用哪个手写字而分辨出来。他这时通常可以指称他的眼睛、眉毛、手掌、胳膊肘、大拇指，还有小拇指。在搭积木之类的活动中，孩子的左右手通常会交替使用，不过他更习惯用的那只手还是会用得更频繁一些。

### ❖ 牙齿方面

孩子身体中相当重要的一部分——牙齿，现在会是什么情形呢？一般来说，在孩子刚满五岁的这段时间里，牙仙女不会有多忙；不过等孩子长到五岁半接近六岁时，相当数量的孩子下颌中间的门牙纷纷拱了出来，牙仙女这时可能就要成天忙着往孩子们的枕头底下塞钱了。

# 7. 视觉方面：聚焦直接，但需要一定的引导

　　五岁孩子的视觉行为，也和他其他方面的行为一样，聚焦直接，"不浪费一点动作"。在这方面他很少觉得挫败，因为他喜欢眼睛给他的答案。他往往坐得笔直，直接面对他坐着的东西。探过手去、拿起东西、放下东西的动作往往都直接准确，干脆利索。

　　虽然五岁孩子的视觉意识已经可以涵盖整个空间，不过他还不容易做到把一切尽收眼底。相反，他需要跟随一定的引导，从一个局部看向另一个局部。由于他的视觉容易局限在某一个视觉点上，因此你往往需要一步一步地引导他完成整个眼手配合动作。

五岁孩子喜欢而且需要明确的视觉指引，他喜欢沿着线条涂色就是这个原因。聚焦静物比视觉跟踪更娴熟，所以让他看什么比让他跟着做什么更容易。

视觉意识上，因为他对真实的关注，所以他对真实的物体更感兴趣。他还可以注意到视线以外的东西，比方说你给他看一个东西，虽然他的视觉点落到了那件东西的后面，或者眼睛朝向了不同的方向，他却仍然能够意识到，你的那件东西在那里。

Chapter

思维的"试运行"阶段——

# 五岁孩子的
# 心智成熟

五岁孩子的认知能力得到很快的发展,孩子渴望识字和阅读。其思维处于"试运行"阶段,渐渐形成了一些很简单的逻辑推理。这阶段孩子的幽默风格比较矜持,时而也会喜欢荒谬与怪诞的玩笑。对小宝宝的兴趣超过对性的关注。

我们特别加入这一章，专门跟你讲讲孩子的心智，或者说孩子是怎么思考的，又或者用现在最常见的术语，就是所谓的"认知能力"。孩子的心智目前已经成了儿童专家们最热门的话题，他们为此出了很多的书，仿佛才发现了新大陆似的。

　　在我们的实际工作中，从不刻意把孩子的心智从孩子整个人之中剥离出来。实际上，身体和心智不是一个人相互分离的两个部分，而仅仅是一个人的两个不同侧面而已。

　　格塞尔博士在很多年以前就已经指出："人的心智可以通过他身体各部位的几乎所有的行动本身呈现出来。"即"行动本身体现心智"。而且他的看法现在仍然成立。孩子的肢体动作，比如怎么扔球，还有他怎么用语言表达自己，怎么感知时间和空间，等等，这些都可以证明孩子的心智和身体是不可分割的。

不过，既然很多人都把思维和语言联系在一起，我们或许应该把通过语言所能最好地表达出来的能力，跟主要通过胳膊、手、眼睛等身体各部分的动作来表达的能力分开来讲。在这一章节里，我们将简单地介绍一下孩子对时间和空间的感知、对幽默的感知、对数目的感知、对文字的感知，还有孩子自己编故事的能力、对性的兴趣，以及孩子的创造力，等等。

# 1. 对时间的感知：对时间概念基本理解，关注"此刻与此地"

　　成年人常用的与时间相关的词汇，大多已经被五岁孩子所掌握，运用得也很恰当。他已经分得清过去与将来，知道一天之中跟他有关的事情和时间上的相互关系。

　　大多数的五岁孩子已经可以说得出一个星期中的每一天的名称（译者注：英文中的每一天都有不同的名称，而不是简单的星期一、星期二、星期三），还可以正确回答一些日常问题，比如，"今天星期几？""星期天之后是哪一天？""爸爸（或妈妈）星期几可以不出去上班？""你几岁了？""你下一次过生日的时候几岁？"等等。

　　几乎所有的五岁孩子都能准确说出今天是星期几，大部分孩子能说得出他们在几点上床睡觉，却几乎没有谁能说得出现在是几点钟。

很多五岁的孩子对日历和钟表都很感兴趣，有些可以读得出钟表上的数字。他喜欢玩钟表类玩具，虽然他还不太会认表。有些孩子已经能够明白诸如"当大针指到最顶上的时候"就是应该做什么事情的时候了。

不过，五岁的小孩子是一个活在"此刻与此地"的人。离开家太远或者太久他都有些受不了。他的主要时间观念是"现在"，很难想象还没有他的时候或者他死了以后的事情。他觉得时间在很大程度上是他"自己的"，这并不意味着孩子"自私"，只不过他注意不到人人都离不开"时间"罢了。

# 2. 对空间的感知：方向感很好，更愿接受身边的环境

　　五岁的孩子不但活在"此刻"，而且活在"此地"。他的整个世界是一个相对狭小的范围，喜欢在家的附近（在妈妈附近）玩，想到的事情也都是在家附近的，是个典型的小"宅娃"。不过，在家附近玩的时候，他正变得越来越敢于慢慢向外扩展。

　　虽然他的空间观念可以延展到他家附近的小区，但是仍然不会太远。小孩子乘校车上学之所以总是那么疲惫，这就是其中一个原因。其实五岁的孩子最好在家附近的小学上学，而不应该乘车到离家太远的、陌生的地方去上学。

　　尽管五岁孩子的世界相对比较狭小，他的方向感却很不

错。你让他往前、往后、往上、往下，他都能做得很好。他可以自己走过家门附近的小街，还可以去旁边的小店打酱油什么的。他不但喜欢追踪路线图上的行进线路，还喜欢画自己的路线图，比如说上学的线路，还有教室里的什么东西放在哪里的布局图，等等。

他仍然喜欢跟妈妈去外面东走走西看看，不过，要是走到另一个城市或另一个省那么远的地方，他只想去有他认识的人的地方。

# 3. 读书与写字：五岁半之后会有 显著发展

　　尽管有个别的孩子（主要是女孩子），真可以在这个年龄就能读得懂句子了，但大多数的五岁孩子还是懵懂的。他们偶尔能认出一些简单的字，还比较喜欢问些这样的问题："这个字怎么读？"你给孩子读书的时候，他肯定会认真地跟着看。

　　大多数孩子能认得出他们自己的名字。有些孩子可能喜欢用字卡拼出自己的名字，也喜欢在他熟悉的书上找一些出现频率比较高的词以及词组。

　　虽然不过才相差半年而已，五岁半以后的孩子的阅读能力却已经有了显著的提高。这时候，大多数孩子已经认齐了所有的字母，还可以听写出一些最简单的字。

这个时期，许多孩子已经进入了阅读低幼读物的阶段，尤其是学校里一直比较重视阅读的话，那么，那种字印得大、句子又很短的书，他可以"读"得出相当多的句子来。

这里我们需要给父母一个提醒：孩子的阅读是一件急不来的事情。如果孩子自己有兴趣读书，这当然很好；可是如果孩子还没有显露出阅读的兴趣来，请耐心等待。

至于写的方面，许多孩子已经可以不按记忆顺序听写字母了。五岁半以前，会写自己名字的孩子还不到一半；五岁半以后，大多数孩子都能写得出自己的名字了。

# 4. 数字与算术：数字认知和运算能力得到发展

❖ **五岁：掌握了十以内的数数**

孩子长到五岁时，对数字的认知跟四岁的时候相比是一个飞跃。现在他们中的许多人都能够以一进制数数了。（译者注：稍后他们还会学习以二进制、三进制、五进制和十进制数数。）而且他能意识到自己是不是用了手指头，"我不会扳我的手指头"。五岁孩子数实物甚至可以数到 13 个。大多数孩子都已经能够辨识出一美分币。

有些孩子这时候已经可以口算出 5 以内的加法,有的还需要手指头帮忙,有的已经不再需要。一部分孩子可以听写得出几个数字来,也喜欢抄抄写写一些数字。他可能会跟你说:"我还不会写到 20,我只会写到 10。"

## ❖ 五岁半:数字运算能力有所发展

到了五岁半,他的数字运算能力进步得更多了。现在,孩子可以用一进制数到 20,虽然中间可能会出点儿错。他指着东西数实物也能数到 20 了。

5 以内的口算加法已经很准确,不少孩子还可以口算 5 以内的减法了。他们大多已经可以写到 10 甚至更大的数字。不过因为这个年龄的特点,孩子常常会左右看颠倒了或者看漏了,正因为如此,孩子这时的学习相当地吃力。

当我们问他数字的时候,孩子往往表现得不太有把握:"我不太知道。""好像不是吧!""那样的话太难了。""我可能会漏掉一两个。"如果让五岁孩子写数字的话,他可能会说:"我不行。那不可能是那样写的,那样叫 12。有些像那个样子吧，有一个 2，还有一个圆圈。圆圈该在前面还是在后面？""这样往下写，然后那样跨过去。写反了，不过没关系吧。""我的手已经有些累了，写得有些怪怪的。"

# 5. 语言与思维：有较强的表达欲，思维处于"试运行"阶段

## ❖ 有强烈的表达欲

五岁孩子典型的特点是喜欢说话，有些妈妈甚至跟我们抱怨孩子总是说个不停，让人耳根无法清净。一个孩子愿意和你说话，本来是一件让人愉快的事情；可是我们也不得不承认，有些孩子的确太能说了。实际上，这已经成了学校里的一个问题，要让一个孩子憋着不再继续聊下去，那实在是太难为他了。

语言对于孩子来说已经有了实际的意义。他喜欢新的、

难的词，而且常常喜欢问你："某某字怎么写？"他们大多喜欢有人给他读书，而且盼望自己能很快读书。

他们这时已经发现了拼读规则带来的巨大威力，能够自己拼读出一些简单的字来，甚至可以解释一些简单的字的意思。

五岁孩子的问题多到数不清，比他四岁的时候只会问"为什么"要广泛多了，因为这是孩子获取知识和信息的主要途径。他什么都想知道。

## ❖ 思维的"试运行"阶段

根据人们常常引用的皮亚杰的理论，孩子这时期的思维仍然处于"试运行"阶段。他明白一个词代表了一个东西或者意义，也知道一个行为既有原因又有结果，例如按下一个键钮，电灯就会亮起来。可是他仍然会把有些跟他无关的事情解释成跟他有关的事情："我想要下雨，就下雨了。"他甚至还会相信物体和自然现象都会跟人一样有情绪有思维："云生气了，就下雨了。"

五岁的孩子还可能相信所有会动的东西都是活着的东西，相信世间万物都是人做出来的。

也就是说，五岁的孩子仍然很难分辨出什么是真实，什么是幻想。"因为那是魔法"这样的答案，依然可以用来回答五岁孩子的问题，因为他现在的观念就是这样的。

## ❖ 已具备简单的逻辑推理

五岁的孩子已经开始想要自己动脑筋思考，所以，他会根据自己已知的，但往往不够全面的证据，进行归纳总结。比方说，假如他的爷爷和外公都已经过世，他会这么问你："是不是当爸爸的都会先死？"又比如，假如你告诉他有两只棕色的狗是母的，还有两只黑色的狗是公的，他就可能得出这样的结论：棕色的狗都是母的，黑色的狗都是公的。

## ❖ 对圣诞老人的存在深信不疑

对于圣诞老人，这个年龄的孩子当然会深信不疑。他会继续给圣诞老人写信，而且心里头或多或少地盼望着能得到他想要的东西。对于神也是一样，他深信神的存在。不过和四岁的孩子比起来，他说到神的时候少了一些。许多孩子仍然坚信，很多事情都是神做的。例如，假如一个孩子摔倒了，他会认为这是神把他推倒的。还有，不少孩子对圣诞老人和神都有一种相当生活化的看法，他相信他们不但是真的人，而且就住在房子里。

## ❖ 对死亡的理解更加具体、准确、真实

对于死亡，五岁孩子的观念已经变得更加具体、准确而且更加真实。只是这个年龄的孩子往往相信生命是可以死而复生的。有些孩子在某个生命结束之时已经能明白那是怎么回事了，他能明白一个人或者动物不再动的时候就是死亡。有意思的是，除了直系血亲或者非常爱戴的家人去世，五岁孩子往往很能以就事论事的、理性的、不动感情的态度谈论生死。

# 6. 对性的感知：明白性别差异，对小宝宝很感兴趣

　　五岁孩子对性以及性游戏的兴趣，比四岁的时候淡了不少。以厕所和肚脐眼为主题的笑谈减少了不少，露肉肉的游戏也少了下来。他不但对性没有了太大的兴趣，甚至对自己的身体和大小便等也不再那么津津乐道了。他已经知道男女性别的生理结构有所不同，只不过他不再像四岁时那样，对此那么感兴趣了。(译者注：对"性"感兴趣，是孩子性意识的萌芽。到了四岁的时候，孩子进入第一次"性趣高峰"，他喜欢玩自己的肚脐眼，喜欢看人家蹲马桶，甚至喜欢两个小密友在一起脱了裤子和衣服，研究对方的小身体，也就是玩"性游戏"。可能是男孩和男孩一起玩，也可能是男孩和

女孩一起玩。到了六岁，进入第二次"性趣高峰"，这时候孩子身体内的荷尔蒙驱动已经相当厉害了，对"性游戏"的热情更炽。玩法当然很稚嫩，比方说"当医生"，拿支蜡笔插到对方小肛门里"量体温"。父母应该怎么对待，这套书里《你的4岁孩子》第10章第13问，和《你的6岁孩子》第10章第15问都有详细解说，请认真阅读。）

五岁孩子对小宝宝的兴趣也因人而异。一部分孩子仍然认为小宝宝是从商店里或是医院里买回来的，不过大部分孩子应该已经知道宝宝是在妈妈的肚子里长大的。这时孩子仍然弄不明白的一点是，既然宝宝已经长在妈妈肚子里了，妈妈为什么一定要去医院："为什么需要医生帮忙？为什么爸爸帮不了忙？"

五岁的孩子更关注宝宝是怎么出来的，而不太关注宝宝是怎么进去的。很多孩子以为宝宝是从妈妈肚脐眼出来的。他已经隐约能够意识到孕妇身子的大小跟她肚子里有个宝宝之间有一定关系。

许多女孩子很愿意自己长大以后也能怀上小宝宝，不过她想当然地相信只要时间到了她就可以有宝宝。有些小姑娘会这么问："我什么时候才会长大？我什么时候才会当妈妈？"不过更多的女孩子却颇有耐心地慢慢等待，坚信只要她好好吃菜、好好想宝宝，有一天她就能拥有自己的宝宝。

有些男孩子也像女孩子一样，认为他们现在就能怀上孩子。有一个小男孩就曾表示他希望肚子里现在最好还没有小宝宝。

有少数孩子已经开始对宝宝是怎么来的这一问题感兴趣了，而且这些孩子已经能够接受宝宝是由一颗种子长出来的这一答案。一个五岁的孩子向别人介绍他的小弟弟的时候，就这样说："这是我的小弟弟，他是由一颗种子长出来的。"

虽然五岁孩子的性游戏比以前四岁的时候以及以后六岁的时候都要少，但他们有些人还是会跟着大孩子一起玩这种游戏。

极少数的孩子有可能从大孩子那里听到了交配的说法。一般来说，五岁的孩子都会回去告诉妈妈。如果妈妈能沉得住气，孩子往往就不再刨根问底了，其实他更想知道的是别的孩子对他说的话是不是真的。

五岁孩子一起玩的时候大多不以性别分群，男孩女孩都随意在一起玩。不过，等孩子再长大些之后，就会开始有一点性别分群的意识了。

# 7. 幽默感方面

## ❖ 幽默风格比较矜持

五岁不算是一个喜欢开玩笑的年龄。典型的五岁孩子其实往往太过矜持而不怎么搞笑。和更喜欢逗乐嬉笑的六岁孩子相比，五岁孩子的确可以说是一个正儿八经的小人儿。即使他有时候会来几句幽默，也都常常是拿他自己开涮，而不怎么跟别人互相开玩笑。

也就是说，五岁的孩子并不太热衷于回应别人的幽默，最多会偶尔来几句他自己的小玩笑。他离搞恶作剧还差了好几里地远呢，不过偶尔来几句口头的小闹剧也能给他的日常生活增添不少乐趣。

## ❖ 喜欢荒谬与怪诞的玩笑

人们往往喜欢开一些可能会给自己带来一点麻烦的玩笑，比方说过去几年里，有些胆子比较大的作家就开了一些宗教玩笑。同样的心理，五岁的孩子居然也会开这样的"危险"玩笑，好像他真的不要听从爸爸妈妈的话似的。

有一天，爸爸回家晚了，进门就问孩子："吃过晚饭了吗？"他五岁的小男孩这么回答："没呢，我今天不要吃饭。"说完这话，他脸上熠熠生辉，因为他居然敢假装抗拒爸爸。其实他早吃过晚饭了。

在孩子自己编撰的故事当中，也会闪烁出一些幽默的光芒。虽然可能十分简短，但也可以看出幽默感早在孩子孩童时期就已开始发展了。五岁孩子最觉得滑稽有趣的就是讲一些很荒谬的话："从前，有一辆庞蒂克车。嘿，可不得了了！它沿着路开了下来，里面一个人也没有。"

"骗人"也会让他觉得好玩，只不过我们的五岁孩子可能每次都要很辛苦地跟你解释一通："我骗你玩儿呢，其实我知道姨妈家住在哪儿。"

这种荒谬与怪诞似乎总能撩拨他的幽默神经："这个人穿了一条内裤……连那个枪手都穿了一条内裤，可是其他人什么也没穿。"

　　傻里傻气的滑稽词语，虽然不再像四岁时说得那么频繁，不过五岁孩子仍然喜欢来上几句。另外，编一个小倒霉蛋的故事似乎也可以让他乐不可支："那个动物没了尾巴，……后来它去跟猫头鹰说，它的门铃其实是它的尾巴……它就过去一拽，把门铃给拽了下来。"

Chapter

儿童成长测验——

# 五岁孩子
# 上学的依据

决定孩子是否应该入学以及日后是否应该
升学的根据，不应该以孩子的年龄为准则，而
应该以孩子行为的成熟水平为准则。我们建议
所有孩子上学前都应当接受一次行为能力检测，
以判断孩子是否已经做好了入学准备。

现在，我们的孩子就要面对一个全新的世界，一个他童年生涯中最大的奇遇：该上学了。

当然，许多孩子此时已经有过上学的经历，他们大都上过幼儿园。只不过，一个好的幼儿园，往往会根据每个孩子能力的不同来调整对孩子的要求。可是，学前班就不同了，它不会针对每个孩子进行调整。

尽管我们以及许多其他颇有见地的教育工作者们，竭尽一切努力来宣传推广要尽量推迟小孩子的上学年龄，然而，大多数学校仍然习惯于让孩子五岁上学前班、六岁上小学一年级。

有不少孩子能够适应这样的入学制度，但是也有不少孩子适应不了。我们一再申明，决定孩子是否应该入学以及日后是否应该升学的根据，不应该以孩子的年龄为准则，**而应该以孩子行为的成熟水平为准则。**

# 1. 学前班之前
## ——行为能力检测

我们建议所有的孩子上学前都应当接受一次行为能力检测，大家可以采用这里推荐的检测法，也可以采用其他可靠的行为或发育检测法。

这一检测的目的，在于鉴定孩子的整体能力，以判明一个五岁的孩子是否已经做好了准备，可以进入要求更高的学前班，以及他明年按道理要升入的一年级。如果孩子尚没有足够能力去上学前班，也许你应该送孩子去上学前班的预备班，或者让孩子多上一年幼儿园，要么就在家里多待一年。

有一点请父母一定要明白，一个经过检测判明行为偏于不成熟的孩子，并不等于他的智商不够高。一个比同龄人更聪明的孩子完全可以是一个行为上比同龄人偏幼稚的孩子。智商高并不等于孩子就已经够条件去上学了。郝杰士博士很早就明确指出，实践与研究都已经证明所谓的"早早上学"项目并没有起到什么好作用。这些项目曾经在某些地区实施了一段时间，也就是允许一些十分聪明但不够上学年龄的孩子提早上学。而这些项目的失败，恰好证明了我们的观点：一个孩子若要完全适应学校生活，他需要的不仅仅是聪明，他更需要身心方面的成熟度。

如果你所在的学校或社区不提供完整的儿童成长检测，甚至连简化测试也没有，那么你可以大致上根据孩子的年龄来判断是否该送孩子去上学。女孩子如果在开学时已经满五周岁，大多应该可以送去上学；男孩子则最好开学时已经满了五岁半才送去上学。

# 2. 问卷调查法

另一个简单易行的办法是，看看孩子的行为举止和其他你认识的五岁孩子比起来，是否足够成熟。除此之外，家长还可以参考教育家奥斯汀和拉弗蒂列出的一份实用而合理的问卷，看看自己的孩子是否已经准备好了上小学。这份完整的问卷一共有 43 个问题，根据原创者的说法，如果你的答案中有 40 ~ 43 个"是"，你的孩子肯定可以送去上学了；如果你的答案中有 35 ~ 39 个"是"，孩子也许可以送去上学了。

我们经过征求问卷原创者的同意，在这里摘录了 9 条他们认为最为紧要的问题。如果你的孩子真的已经具备了足够的能力去上学，这 9 项中你大部分的答案都必须是"是"。

1.你的孩子在该上学的时候，年龄超过五岁半了吗？

2.指着三到四种不同的颜色给孩子看，你孩子能说出它们各自是什么颜色吗？

3.他能自己画一个方形吗？照着画也行。

4.你画一个十字叉、一个方形、一个圆形，孩子能说出它们各自是什么形状吗？

5.你说一组带有四个数字的数码，他能一次就正确地复述出来吗？

6.他能分得清自己的左右手吗？

7.他涂色的时候，能涂得比较饱满而不是信手涂鸦几笔吗？

8.他能说得出一些东西是用什么做的吗？比如，汽车、椅子、鞋……

9.他能独自在邻里穿行两条小街，到附近的小店、学校、游乐场或者小朋友家去吗？

我们建议每一个孩子在开始上学之前，都要接受一个完整的定位检测，看看孩子的行为成熟度发育到了什么阶段，然后根据这一检测结果来决定，孩子应该送到正规的学前班（即一年以后就送他上小学），还是应该送到学前班的预备班（即让孩子两年之后才上小学）。

# 3. 一年级之前——定位检测

等学前班完成之后，孩子应该再接受一次定位测验，看看孩子是应该上小学一年级，还是应该送到一年级预前班或者阅读指导班，或者干脆再复读一遍学前班。

有相当一部分的孩子，尤其是男孩子，如果他们太早上学，那么在真正能够适应一年级的生活以前，需要两到三年的时间才能准备好。也就是说，先是学前班的预备班，然后是学前班，之后也许还需要去一年级预前班。

这看起来会让人觉得我们太过于谨慎了。其实不然。我们多年的经验证明，如果一个孩子在完全准备妥当之后才去上学（其他事情也一样），那么他的学校生活一定会顺利。我们相信，只要按照孩子的行为年龄合理安置，学校里的那些"问题学生"很可能会减少一半。

# 4. 上午班与下午班的选择依据

## ❖ 送孩子去上午班还是下午班

我们这里还有两份清单，可以为那些没有条件给孩子做行为检测的家长提供参考，以帮助他们考虑应该是把孩子送到学前班的上午班还是下午班。如果学校有足够的老师和班级，那么，那些已经不再需要午休的发育得更成熟的孩子，可以送到学前班的下午班，而那些仍然需要午休的孩子则应该送到上午班。

康涅狄格州柴郡的一所小学，为我们提供了两份清单，以分辨哪些孩子应该送入学前班的上午班，哪些孩子可以送入下午班。

**可以送入学前班上午班的孩子：**

1. 说话偏于孩子气；

2. 跟妈妈再见时会哭泣；

3. 行为变幻莫测，总是跑来跑去，无法安静下来；

4. 喜欢所有跑跑跳跳的活动；

5. 需要不断变换活动内容，即注意力能够集中的时间偏短；

6. 手指的动作不太熟练（如不能熟练地使用剪刀等）；

7. 需要更多的能让他活动的娱乐器材（比如球），因为孩子更喜欢全身性的身体活动；

8. 玩的时候需要老师留心各种设施，因为孩子会忘记安全规则；

9. 不太愿意听从指挥；

10. 表现得偏于霸道、常常打断别人说话、容易弄坏东西、好争辩；

11. 需要休息，可是又不肯坐下来；

12. 容易分心，经常出界、违规；

13. 一旦改变常规日程安排则难以适应；

14. 做一件事情需要反复鼓励，经常半途而废；

15. 一对一的情况下会表现得更好，一个指令之后需要

更多的时间才会行动;

16. 只跟一两个小朋友特别好,甚至根本不合群;

17. 故意搞怪、过度喧闹;

18. 常常憋不住尿,尤其是感到有压力的时候;

19. 容易生病,因此常常缺课。

**可以送入学前班下午班的孩子:**

1. 需要老师敦促才肯动,即使是惯例性的日常活动也需要征求老师的同意;

2. 有了独立感,和妈妈再见的时候很轻松,"不要牵着我""我会自己走";

3. 听从指挥,能够按照你的要求做事;

4. 坐得住,能一口气完成任务,小组活动的时候,能守在小组范围之内;

5. 站有站相,坐有坐相,"看着顺眼""站得端正";

6. 能进行课桌上的活动,喜欢临摹东西,写写画画都喜欢在线框之内;

7. 说话时不再孩子气,语法正确,喜欢问字词的意思;

8. 期待下一项活动,而且愿意去做;

9. 在活动之中很投入,欢声笑语不断;

10. 能力水平趋于稳定，而不是时好时坏，更愿意把一件事情做完，而不是半途而废；

11. 小组讨论时发言比较积极；

12. 能够记住老师的指导和要求。

## ❖ 孩子不能适应上学的表现

但是，最大的问题并不在于孩子该送上午班还是下午班。每一个五岁孩子的父母最想知道的，都是自己的孩子是否真的可以送去上学了。万幸的是，如果一个孩子还不能适应上学，他自会用他的方式告诉你。

孩子的老师应该会觉察出你的孩子是否能适应学校生活。你自己也可以根据我们提供的下列信息自己判断。

如果一个孩子还没有准备好去上学，他最直接的表达方式之一，就是在该进教室的时候抱着妈妈的脖子不肯下来，又哭又闹。虽然那些"准备好"上学的孩子在开学的最初几天也可能会有这种行为，但是，假如你的孩子天天如此，而且持续了相当长的一段时间，那么你就应该考虑一下，这也许是孩子还不适合送去上学的一个信号。

还有，任何一个还不肯自己穿衣服，不肯自己吃饭，而且要你强行把他推到校车里的孩子，都是还不适合上学的孩子。

而且，这些尚不适合上学的孩子，在学校里很难投入到哪怕是最松散的小组活动之中去。其实更主要的是这样的孩子会影响到其他孩子。学前班的孩子对小同学的行为其实是相当宽容的，但是，如果这孩子会伤害他人、乱扔东西、弄坏小同学的作品，那么这孩子显然还不应该上学。还有，如果这孩子太爱说话，频频打断老师或者同学，那显然也不应该上学。

最后，还有一种情况，就是这孩子在学校里的表现一点问题都没有，但是一回到家就火山爆发，这也是给父母的一个信号。假如孩子上学导致他回家后的行为一塌糊涂，那么肯定是**什么地方**出了问题。

## ❖ 不要把孩子"绑架"进学校

在我们看来，太多的小男孩和小女孩，在他们远没有准备好之前，就统统被"绑架"进了小学，只不过是因为他们已经达到了某个"法定年龄"，而这个"法定年龄"实在有些太主观。

即使你的孩子在学前班里顶住了风霜，站稳了脚跟，你也不敢保证他就一定有了足够的能力升入小学一年级，你仍然需要谨慎的行为检测，或者是老师满怀信心的担保。因为，这毕竟是一步巨大的跨越。也许看完下面这篇文章，你就能明白这步跨越对孩子来说多么巨大了。这是凯瑟琳·麦肯齐在她的《纽约时报》专栏中刊载出来的一篇文章，内容是一个五岁的孩子讲述他在春天的时候，跟同学一起前去熟悉一年级教室以及学生的情景：

我们走进了一个有舞台的大屋子，新生都坐在摆在前排的小椅子上。随后，老师各自带着他们的学生走了进来。每个老师都有差不多一百个学生。有一个老师站了出来，神色不安，不知道她是不是丢了一个学生。我希望老师不会弄丢了我。

那些孩子为我们表演了"小黑三宝"，很好看，只是里面的小老虎并不是很吓人。然后，他们又表演了唱歌，他们都知道歌词。里面有一些歌我也想学。然后老师放上录音机，他们在台上跳舞踢腿。我希望老师不会让我上去跳。

然后我们又去参观了教室。一间一间的教室排到很远的地方，至少有一里地远，一直到大厅的尽头。你看不见门，不过有人说那些教室都有门。他们让我沿着大厅来来回回走了两趟，最后我可以自己去参观教室了。

我有些担心，假如你在这里上学的话，你的书里面会不会再也看不到图画了。我想知道牛痘在你身体里是怎么起作用的，怎么会让你不得天花。利奥诺告诉我说，他们会有很长一段时间不让你读书，而是让你涂很久的颜色什么的。

她还说，一年级的时候他们会讲讲火车和飞机。我很想告诉那些孩子有一次我上了飞机，可是，想到那么多的眼睛会盯着我，我又觉得我可能说不出来。

这个孩子的妈妈后来问他："你喜欢上学吗？"他回答说："呃，我不知道。他们要学的太多了。实在是太多了。"也许，还真就是这样的。

Chapter

# 及时帮助和引导孩子——
# 五岁孩子的
# 生日派对

　　五岁孩子的独立，体现在对自己能力的认知，以及对自我的克制上。在陌生的或者自己无力办到的事情面前，他们往往变得束手无策。正因为如此，孩子在生日派对上更需要成年人的帮助，这种帮助和引导一定要在孩子需要的时候及时出手。要想成功地举办一个五岁孩子的生日派对，事前的筹划必须思虑周全，而且各项筹划最好都能留有余量。

# 1. 成功的关键

　　五岁的孩子往往会给人一种不真实的表象，让人以为他已经非常独立、非常懂事了。但是，经验告诉我们，五岁孩子之所以显得颇有能力，那不过是因为他通常不太去尝试陌生的以及棘手的事情罢了。当他不得不面对这样的局面时，你会出乎意料地发现，五岁孩子所需要的帮助大大超出你的想象。正因为如此，在五岁孩子的生日派对上，也就是他肯定会面临不熟悉的人物和处境的时候，成年人需要花相当大的精力，在孩子玩耍嬉戏的过程中帮助孩子、引导孩子。而且，这种帮助和引导一定要在孩子需要的时候及时出手，否则的话，负责举办生日派对的成年人一定会大为惊讶地看到，平常相当矜持的五岁孩子居然也能如此不可收拾。

## ❖ 不要安排太多需要互动的活动

五岁大的孩子并不特别擅长与人交往。如果你让他随便玩，他常常会自己一个人玩，在陌生环境中更是如此。他可能在很大程度上依赖于一个最好的朋友。他不再像四岁的时候那样，喜欢结交新朋友了。因此，在孩子的生日派对上，一定不要安排过多的小客人之间的活动，尤其是在他们彼此还未熟悉起来之前。孩子们也许需要相当一段时间才能热络起来，所以，刚开始的时候最好安排一些让孩子各自为政的活动，或者不需要多少相互合作与交往的活动。哪怕到了后来生日派对渐入佳境之时，也最好不要安排太多需要互动的活动。

## ❖ 多安排孩子跑来跑去的游戏

要消耗掉孩子的多余精力绝对是生日派对中的一个难题

（这种多余的精力在今后几年的生日派对中只会越来越多）。所以，在派对中最好安排一些需要孩子跑来跑去的游戏。

## ❖ 为孩子准备容器装他们的宝贝

五岁的孩子已经有了相当强烈的物权意识，不过他还尚无足够的能力保存好自己的东西。所以，在今后几年的生日派对之中，孩子们都各自需要一个结实的、安全的容器装他们的小礼物和小奖品之类的东西，而且要有明确的辨识记号。主持生日派对的成年人不但要为孩子们准备好这种容器（罐子、盒子、袋子等），还要负责给孩子们找一个宽敞而安全的地方放置这些容器，以便他们随时都能一眼看到自己的宝贝。

通常来说，五岁孩子在大部分情况下都是一个循规蹈矩的好孩子，不过这并不能保证孩子在生日派对上一定能有最佳表现。和前几次的生日一样，孩子之间的任何争执或别扭都需要家长在一旁迅速摆平，而且请不要在派对上对孩子强调什么"合适"的行为。

## ❖ 筹划准备周全详细

保障五岁孩子生日派对成功的关键，看来应该在于事前的详细筹划，而且各项筹划最好都能留有余量。所有的小东西、小玩意儿和小点心之类的东西都要预备妥当。派对过程中的每一分钟都要排满游戏活动，尤其是开始和结束的时候。孩子之间可能会略微有一些自然而然的小互动，比如说简单的交谈，给别人看看自己刚刚得到的或者做好的小东西。五岁的孩子毕竟还是更喜欢各玩各的。

这时候看上去他们个个都在闷头忙自己的，虽然忙活的事情其实都基本上一样。在这一过程中孩子很需要成年人足够的关注和及时的援手。

# 2. 活动安排

## ❖ 选定主题

派对上若是能有些特别的主题，会有助于烘托派对气氛，比方说，爱心节主题、儿童节主题、小木偶主题，等等。

## ❖ 小客人的数量

六个人应该是一个比较合适的数量。如果人多了，五岁孩子也许会因为没有及时得到成年人的关注或者帮助而等得过于着急。小客人最好是清一色的小女孩或者小男孩，不过如果你不得不男孩和女孩都邀请，在这个年龄段倒也还可以。我们下面举例的派对详细程序就是一个女孩子的派对。

## ❖ 成年人的数量

至少需要两个成年人。也就是说，小寿星的妈妈以及一两个小客人的妈妈做帮手。

# 3. 时间安排

## ❖ 16:00～16:15：预先准备好一些手工活动

这时候应该预先准备好一些比较安静的、互不相扰的内容。一些手工活动会比较合适，比方说用绒毛铁丝做小东西、玩橡皮泥之类的。如果可能的话，这些活动应该预先安排到派对主活动室之外的另一个房间里，当然，也可以安排到主活动室的角落里。

## ❖ 16:15 ～ 16:30：玩"蜘蛛"游戏

这个活动不需要太多的互动，但是能给孩子们一个机会渐渐熟络起来，彼此适应一下。"蜘蛛丝"在屋子里拉来拉去，缠绕住了大大小小的家具。每个孩子牵住自己的"丝"，这些"丝"预先缠绕到一个小纸卷筒上。他们还可以沿着家具上的"蜘蛛丝"爬上爬下，钻进钻出，但是孩子不许移动家具。最后，孩子手上的"蜘蛛丝"用尽，她会发现里面还藏有小礼物。这种生日派对上的小礼物，可以是一些小玩意儿，比如给洋娃娃用的小牙刷、小梳子、小珠宝、假的化妆盒、小钱包、小动物玩偶、小银行箱以及蜡笔，等等。

## ❖ 16:30 ～ 17:10：寻宝游戏

假如是以爱心节为主题，寻宝线索可以逐条写在"红心"彩纸上，也可以用适合派对其他主题的纸张。写着线索的纸条，由主持妈妈逐条大声读出来，比如说，"在客厅里，在一个黄色的东西下面""在前卧房里，在一个绿色的东西下面"，等等。这时，所有的孩子都会满屋子跑来跑去地找线索、找东西。一番"顺藤摸瓜"之后，最后一条线索会让每个孩子都能找到一个"宝物"。这种"宝物"可以是用来做手工的材料，比如爱心小帽子、小围裙，也可以是小日历、小锅垫、小烛台，等等，最好都是和派对主题相匹配的小东西。这些"线索"最好能让孩子满屋子东跑西跑，如果房子大，那效果就更好了，这样，孩子们就能消耗掉足够多的能量，游戏过后就可以相对安静地坐在那里，用他们得到的手工材料做手工了。

## ❖ 17:10 ～ 17:15：迷你游行

五岁的孩子很喜欢游行。大家排好队，绕着派对主活动室游行几圈，是很好玩的游戏。如果再配上留声机、钢琴，还有渐渐响起的歌声，给小游行伴奏，那就更好玩了。假如再给每个孩子配上一个简单的"敲打乐器"，则可以乐上加乐。这样的活动，几乎所有的孩子都会喜欢，而且还可以再消耗掉孩子的一些能量。游行伴奏也可以是带有"指令"的音乐，让所有的孩子伴着音乐听从号令一齐动作，也很好玩。

## ❖ 17:15 ～ 17:45：茶点时间

要预先在餐厅摆好桌子，铺好桌布，备好餐巾、纸碟等。可以先给孩子一份小礼物，比如每人一个席位夹。孩子这时候的口味一般都比较保守，所以不要讲究花样，也不要讲究多样。小块三明治、牛奶，再来点儿脆生生的胡萝卜条、芹菜条，就很好了。最后再上蛋糕和冰激凌。

## ❖ 17:45 ～ 18:00：安静地活动

先预备好一些节目，让孩子们吃过东西后，可以一边玩一边等家长来接。这时候，涂色等比较安静的活动比较合适。

# 4. 温馨小提示：
## 把一切提前准备好

　　最要紧的一条是，什么都要提前准备好，以免孩子迫不及待。他们的玩耍需要相对刻板地按部就班，而不能即兴发挥，至少在生日派对这样的场合里肯定不行。

　　开始的时候，要给孩子一些能独自玩儿的东西，而且这种玩耍最好不需要多少相互交往和自由发挥。让他们各自一边玩一边等客人慢慢到齐，这一点也很重要。

　　买东西的时候你要筹划好费用，记得所有的小玩意儿和小礼物的数量都要按照小客人的总数计算；而且还要记得这个年龄的孩子虽然喜欢做手工，但是需要你相当多的协助才能完成。

　　一定要给每个小客人都准备好标有明确标识的袋子或其他容器，供他们装小礼物。如果他们觉得自己的"宝贝"丢了或者跟别人的东西混到了一起，会感到很别扭。

　　还要记得，五岁孩子的生日对他来说十分重要，他远比之前四岁的时候更看重这个日子，并且很可能已经期待这一天很久了，以至于他也许会过于兴奋。因此，如果在生日会上小寿星有一些不太理想的行为，请你要宽容一些。有些小客人也一样可能会兴奋过度。

　　如果你要举办的生日会是一个男孩子派对，请记得男孩子比女孩子需要更多的体能活动，甚至是喧闹，因此男孩子的派对程序要更加紧凑，更快地从一项活动移到另一项活动上去。哦，还有，请别忘了，一般来说男孩子的"派对举止"肯定不会有女孩子那么好。

Chapter

## 理解并尊重孩子——
# 五岁孩子的
# 个体差异

　　每个孩子都是独一无二的，他的每个方面都会不同于其他任何一个孩子，哪怕是同胎而生的兄弟姐妹。孩子的发育进程有纵向和横向的差异，在孩子的成长过程中，他们的性格会沿着趋于内向然后趋于外向的螺旋线变换。孩子的个性特征还有一个比较特别的方面，就是孩子的行为易于预料与难以预料之间的差异。有些孩子总是喜欢新的尝试，有些孩子却总是只肯面对他确信无疑的、做过的事情。还有些孩子总能让你觉得"果然不出我所料"，有些孩子却往往让你根本无法预料。

首先请让我们再三重申温馨提示：千万要记得，每个孩子都是独一无二的，他的每个方面都会不同于其他任何一个孩子，哪怕是同胎而生的兄弟姐妹。

　　前面已经说过，虽然我们讲述了五岁孩子应该安静而祥和，六岁孩子又应该是什么样的，但是，这并非意味着**所有的孩子**都会表现得如同在这套书中所描述的一模一样。

　　我们告诉你的关于孩子在各个阶段的行为，都是我们所深信不疑的；我们所描述的孩子在各年龄段的行为特征（按照有些人不太友善的说法，是讽刺漫画般的描述），**整体来说**，也都是真实可信的。但是，毋庸置疑，这仍然并非意味着所有的孩子到了某个年龄就都会是那个样子。

# 1. 发育进程中的横向和纵向差异

我们先从孩子的发育进程讲起。一个普通的孩子，不论男孩女孩，其发育进程都有可能进展得跟我们所描述的进程相差半年甚至一年，要么更快，要么更慢，这十分正常。因此，有些孩子的四岁张狂到了五岁的时候并不会沉静下来，要一直延续到五岁半之后才终于变成一个安静的孩子。或者，五岁孩子的"黄金乖巧"也有可能一直延续到满六岁时才会消失。

有些孩子则相反，根据我们的描述，半年或者一年以后才应该出现的行为，现在就有了，这也十分正常。

这样的变化差异，参照我们第一章中的成长螺旋图，就叫作**纵向差异**。也就是说，孩子的行为年龄跟我们描述的生理年龄特征上的前后差异。

另外，还有一种非常重要的差异往往被人忽略，那就是**横向差异**。有些孩子的行为年龄跟我们所描述的时间进程相差无几，但是，由于孩子本身的基本性格等方面的影响，孩子行为发育进程的"螺旋中轴线"，会比我们第一章的"螺旋图"更偏左或者偏右。

# 2. 和顺期与不和顺期

　　有些很福气的孩子，他们的"螺旋中轴线"天生就更偏于右边的"和顺"，这种孩子基本上任何时期都相对更为和顺一些。哪怕他们的行为有时候略有"越轨"，也就是好像没有平常那么通情达理，他们的表现也仍然算是相当不错的。即使处于最不和顺的年龄段里，情况也差不到哪里去。

　　另一个极端情况，则是有些孩子的"中轴线"天生就更偏于左边的"不和顺"。这样的孩子则几乎任何时候都处在不和顺期，即使处在最和顺的年龄段里，情况也好不到哪里去。

　　例如，有一个妈妈就这样对我们说："你说等他长到了三岁，就应该比较容易相处一些。没错，他是好了一点点，可是两个星期以后，他就又变回了那个浑身是刺的小刺猬。"的确会这样，哪怕在他表现最佳的时期，都可能远远达不到和顺阶段的常规程度。我们不能说这样的孩子天生是个小麻烦，不过，对有些孩子来说，在任何年龄段里，他的日子的确都会比别人更艰难一些。

曾经在研究个体差异这一课题上做出过很大贡献的斯苔拉·切斯博士，证实了我们对孩子的感觉：的确有的孩子更好相处，有些孩子更不好相处。她指出，孩子极易产生行为问题的个性特征与他不正常的生理机能是密切相关的。这主要表现在孩子对外部新刺激的冷漠和回避，对环境变化适应缓慢或不能适应，经常陷于负面的情绪中，不反应则已，但凡有反应则往往很激烈。这样的孩子很难跟人亲近起来。

即使在婴儿期，这样的孩子也往往十分难以养育。他们夜间断乳的时间比一般孩子要晚得多，出现可预期行为的时间也比一般孩子更晚。哪怕到了五岁这样温和的年龄段，他们照样不太容易相处。因此，假如你恰好有这么一个天生就……呃，可以说是属于月亮背阴面的孩子，那么在这一册里描述的五岁孩子的美好光环，对你来说很可能全然不是那么回事儿。

与此相反，你们许多人也可能很幸运地恰好有一个应该说是天生就很容易带的孩子。不论在任何年龄段，他都恬然自怡、易于相处。面对任何新的改变，他不但反应迅速，而且容易适应，甚至向往改变。他的主导情绪总是阳光明媚。不论是到了陌生环境之中，还是与陌生人相处，他都泰然自若。新的食物，新的衣服，他也往往都欣然接纳。总之，他热爱生活。

如果是这样一个孩子，那么五岁的美好光环一定会格外绚烂。

# 3. 内向阶段与外向阶段

　　现在请大家来看看图二的螺旋图——叫"内向阶段与外向阶段的变换趋势"。这张图和第一章的螺旋图十分相似，不过图中标注的螺旋变换的内容不一样。图二所显示的内容是，在孩子成长的过程之中，他们的性格会沿着趋于内向然后趋于外向的螺旋线变换。有些时候孩子显得更加外向，更加愿意接纳甚至向往新的变化、新的环境；有些时候则显得偏于内向，更愿意待在家里，企图避开一切新的变化和新的环境。

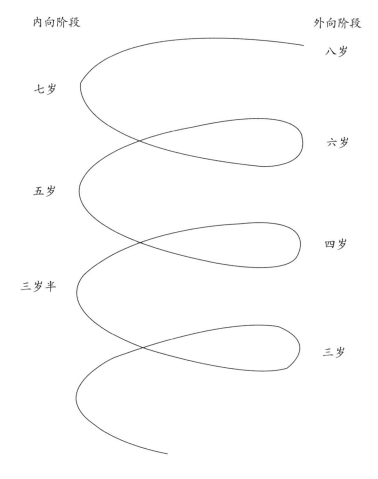

图二　内向阶段与外向阶段的变换趋势

# 4. 内向阶段与外向阶段的变换趋势

　　总的来说，孩子在三岁、四岁、六岁、八岁左右处于外向阶段，在三岁半、五岁、七岁左右处于内向阶段。

　　这里再次重申，每个孩子都是独一无二的个体，其变化模式很可能跟图二不一样。固然几乎所有的孩子都一定会在某些年龄段显得更为外向一些，但是，和我们前面讲过的相类似，假如你把这张螺旋图的中轴线依照你孩子的性格特点做相应的调整，那么孩子就显得整体上偏于图二的左边或者右边。整体上偏于左边的孩子，也就跟前面斯苔拉·切斯博士所描述的一样，基本性格特征偏于内向。他不但会尽量避免和陌生的人、陌生的环境相接触，而且一旦在他避无可避的情况下，会显得十分挣扎。

他们对生活的关注，大多数都集中在负面的事情上。于是，他可能会告诉你："我的运气糟糕透了。"很不幸的是，哪怕在他处于既和顺又外向阶段的日子里，他的运气也往往真的糟糕透了。

而那些中轴线偏于右边的孩子，性格总体显得更为外向，心态也总体上偏于阳光。他总是以热情和激情来面对这个世界，喜欢新奇与冒险，张开双臂迎接一切奇遇。他的心胸也更为宽广，愿意接纳各种机遇和经历。即使他的年龄处于内向阶段的时候，也只不过比他平常稍微偏于内向一点点而已。

# 5. 易于预料与难以预料

　　五岁孩子的个性特征还有一个比较特别的方面，如果家长也能予以关注，则必将对了解自己的孩子更有帮助。这就是孩子的行为易于预料与难以预料之间的差异。

　　孩子的行为表现越是稳定，就越容易预料，你很容易根据一定的缘由推断出孩子将会表现出怎样的行为来。比方说，尽管每个孩子的心情都会出现波动，但有些孩子往往倾向于春光灿烂，有些孩子则往往倾向于愁眉苦脸；有些孩子总是喜欢新的尝试，有些孩子却总是只肯面对他确信无疑的、做过的事情。还有些孩子总能让你觉得"果然不出我所料"，有些孩子却往往让你觉得根本没法预料。

　　对于孩子年幼阶段的行为，我们所考虑的有四个主要方面：运动能力、适应能力、语言能力，以及与他人的交往能力。行为趋向越是稳定的孩子，这四个主要方面的发展越是均衡。也就是说，和年龄规范相比，他们在这四个方面的进程要么统统偏快，要么统统偏慢，要么统统不偏不倚。

　　而行为不稳定的孩子，在这四个方面的发育进程也十分不平衡，有些方面发育偏快，有些方面发育偏慢。例如，孩子可能在语言方面进展迅速，可是在运动方面进展却偏于缓慢；或者完全倒过来。

　　毫无疑问，越是稳定的孩子，各方面的表现与不稳定的孩子相比就越是趋于优势。不论对家长还是对老师，以及对孩子自己来说，生活都会容易很多，因为他多多少少能知道自己的水平在哪里，当然，你也一样知道。而不稳定的孩子却让所有人，包括他自己，时时处于担忧之中。

# 6. 双胞胎孩子

　　现在我们终于讲到了最后一个考量因素。这一章的开始我们就强调，每个孩子无论从各个方面来说都会不同于其他任何一个孩子，哪怕是同胎而生的兄弟姐妹。

　　格塞尔人类发展研究所的早期研究大部分集中在双胞胎孩子身上。多年的观察告诉我们，哪怕是最为贴近的同卵双生的孩子，都有十分明显的个体差异。曾经有这么一对非常相似的双胞胎女孩，爱丽丝和瑞秋，相似到了这种程度：她俩在17周大的时候，同时生了病，而且病得都相当厉害。这对双胞胎不但身体上的症状一模一样，而且高烧时烧到的度数也一模一样。

　　随着她俩逐渐长大，体重和身高的增加也几乎一模一样。智力方面，她俩在 20 岁之前接受的多次智商测试的结果，每次相差都不超过 5 分。有一次她俩在学校接受听写考试，不但写错了同样的单词，连写错的笔画都一模一样。

除此之外，她俩的行为发育进程以及自然的反应模式也都几乎一模一样。但是，尽管这对双胞胎姐妹有这么多的相同之处，她俩仍然很早就显现出了相当明显的不同之处，而且在后来的成长过程之中这些不同之处一直不同。比方说，但凡姐妹俩的发育进程有所发展，爱丽丝肯定是领先一步的那个孩子。如果让她俩去拿东西，不论是伸出手去还是整个身体都移过去，爱丽丝肯定是走直线的那个孩子，而瑞秋则总是走曲线，不那么直截了当。不论她们长到几岁，爱丽丝对物体的兴趣总是比对人的兴趣更高，而瑞秋则完全相反。

最明显的不同是她俩画画的风格大相径庭。快捷、清晰、简洁是爱丽丝的风格，她画的人物，不论是嘴巴还是头发，都是走直线；可是瑞秋却要画上弯弯的笑嘴，卷卷的头发。爱丽丝的房子炊烟大漠直上，瑞秋的房子则炊烟蜿蜒徘徊。

这种差异一直相当稳定地存在着。到了七年级，爱丽丝在田径赛上获奖，瑞秋却和男朋友花前月下。高中毕业以后，姐妹俩一同在一家时装店里就职，爱丽丝店前店后都做，瑞秋却一直喜欢在店前服务客户。

上面我们讲述的所有这些差异，希望每一个读者在阅读这套书的时候都能铭记在心。我们固然能告诉你很多很多五岁孩子常规的典型特征，但是，你自己的五岁孩子一定有他不同于其他孩子的许多特点。**因为，每个孩子都是独一无二的！**

爱丽丝　　　　瑞秋

爱丽丝　　　　瑞秋

# 10
## Chapter

你是否也遇到过这些麻烦——

# 源自家长们的
# 真实故事

不同的孩子在成长过程中会表现出一定的规律和特点，很多孩子在同一件事情上出现了同样让父母棘手的问题。为了帮助父母解决这些问题，我们特意挑选了一些有代表性的家长来信进行分析，相信会对读者有所帮助。

**译者注：**这一章的内容，全部摘自当时的报纸专栏，由本书作者们，也就是"格塞尔人类发展研究所"的资深儿童研究员们，回答家长们在养育过程中的苦恼。人们尊称这些资深研究员为"博士"，他们也确实都是货真价实的大牌博士。

# 1. 孩子不肯吃饭，怎么办？

 **读者来信**

亲爱的博士：

我们五岁的儿子兰迪，真让我和他爸爸犯愁，他自从断奶，开始吃固体食物后，简直就不怎么吃饭。我知道他肯定在这里那里吃了些什么，不然他怎么能活得到今天，可是，即便如此，他也实在没吃多少啊。

对不肯吃饭的孩子，你有没有什么好的建议？

专家建议

　　我们很欣慰你提出了这样的问题。如今人们太过于关注研究健康饮食，研究如何不要让孩子吃太多有可能影响他们健康的食物。可是，儿童专家们却几乎忘记了还有一个问题：对有些孩子来说，吃得是否太多根本不是一个问题，问题是他们不肯吃东西。

　　保罗·S.格劳巴德博士在他最新出版的《正面养育》（1977 年版）一书中，给了我们很好的最新的建议。在这本书中，他指出，许多孩子的饮食问题出现得相当早。从一岁左右开始，婴儿原本相当旺盛的食欲开始出现下降趋势（往往自然如此），而父母却总是不愿看到这一点，因此常常（错误地）敦促孩子要多吃饭。从此，一个问题的根源就这么埋藏了下来。

　　除此之外，幼儿还往往会因为另外一些原因而不愿意吃饭，包括心情不好、生病，甚至是因为爸爸妈妈太过于关心另一个孩子。格劳巴德博士在这本书中提出了一些具体的建议，你不妨试一试。

跟孩子好好沟通，如果需要的话用肢体语言表达，而不是只嘴上唠叨：让孩子明白你期待着他多吃一些，而且你愿意提供所有他感兴趣的食物。同时让孩子清清楚楚地知道，他愿意吃多少全由他自己决定，你不会强迫他，甚至不会去注意他到底吃了没有。

不要给孩子任何零食，只在用餐时间给孩子提供食物。你每次端上来的食量要足够小，而且，要在合理范围内，尽量提供给孩子目前最喜欢的种类。不要担心饮食不够均衡（至少你在刚开始的时候只能这样）。

仔细观察孩子哪些食物吃得最多，需要的话你可以做一段时间的饮食记录。你也许会发现他总是在你离开用餐室之后吃得最多。

一旦他能吃下点儿什么，你可以再加一点点，但一定要是很少一点点。如果他在那里磨磨蹭蹭，玩他的食物，你随他去。但是你只给他半个小时吃饭，时间一到，你就过去端走碗碟，并且让孩子明白吃饭时间已经结束，要等到下一次开饭时才能有东西吃。

但是，假如兰迪不肯吃那些你认为对他身体和健康有益的食物，该怎么办呢？你可以用"老奶奶办法"，比如说，

"如果你吃掉这些菠菜，我就给你冰激凌。"当然他不见得会喜欢冰激凌，但是不论多不爱吃东西的孩子，他肯定会有几样爱吃的东西。那就给他吃一点点他最喜欢的东西，只不过条件是他要先吃一点点你认为他需要吃的食物。

# 2. 孩子因父母不够关爱而十分叛逆，怎么办？

 **读者来信**

亲爱的博士：

我跟我五岁的儿子艾克之间，出现了很严重的问题。他对他只有一岁的小妹妹非常不好。每当我去哄妹妹睡觉的时候，他总是大吵大闹，脚踩得咚咚响，而且大声号叫。假若他看电视的时候妹妹过去拔掉了插头，他会使劲地打她、拧她、推她，让她摔得脑袋咚的一声撞到地上。

我们住在乡下，没有多少孩子可以跟他玩，

所以我们特意养了一条狗陪伴他。可是，他看来不是太喜欢和狗一起玩，而是更喜欢打骂他的狗。

艾克很喜欢他爸爸，可是我丈夫下班后却总是十分疲倦而且牢骚满腹。他不但毫无兴趣陪艾克玩，而且看来也根本不知道怎么陪孩子玩。我该怎么办才能让艾克对妹妹好一点，对他的狗好一点，变成一个稍微快乐一点的孩子？

 ## 专家建议

艾克的行为很明确地告诉了你，他还没有成熟到你可以留他单独和妹妹在一起的程度。非常明显，这孩子是一个不快乐的小男孩，他觉得小宝宝的到来让他的生活变得十分糟糕。他对待狗的态度更加清晰地显示出他内心深处觉得自己成了一个多余的人。他非常痛苦，所以要把这份痛苦转嫁到狗的身上。

这孩子显然也没有多少办法能让自己玩得高兴一点。他没有什么朋友，你又总是太忙，而他爸爸要么不在家，要么不知道怎么陪他玩。这一切加到一起，对孩子来说，实在算不上是一个繁忙的、快乐的、能令他满足的童年，你说呢？

你有没有可能请一个保姆，每星期来照顾妹妹一两次？这样的话，你就可以把你的时间空出来一些陪儿子做些他喜欢的事情。比如说，带他去散个步，去哪里玩一玩，读书给他听，陪他玩游戏等。让保姆照顾妹妹一整天或者半天，把这一天变成"艾克天"，让他来决定这一天你们要玩些什么（当然，在合理范围之内）。

有很多做父亲的跟你丈夫一模一样。他们要么不在家，要么太忙，要么太累了没精力陪小孩子玩，要么不知道怎么陪小孩子玩。那些天生就知道怎么陪孩子玩的人一定对此觉得匪夷所思，可是的确有很多男人，面对一个小孩子会觉得自己笨手笨脚、笨头笨脑，不知道该怎么办。

看来你需要帮他们父子俩安排一些简单的、他们可以玩得起来的活动。要解决你儿子的问题，不用什么灵丹妙药，只需要你多花些时间陪陪他，多带他去找小朋友玩，多帮他爸爸学会和孩子相处，让他的生活能更充实些。只有这样，他才可能多得到一点点他渴望至极的对生活的心满意足。当然，你还需要多保护妹妹，让她躲他远点儿。

# 3. 五岁的姐姐嫉恨妹妹，该怎么办？

 **读者来信**

亲爱的博士：

　　我的大女儿南希刚刚五岁，却让我愁得不知道怎么办才好。她只有五天大的时候就吃到了她的大拇指，从此以后她的大拇指和小嘴巴就似乎再也没有分开过。她是一个高度紧张、非常敏感的小姑娘。两年以前，我的小女儿快要出生的时候，南希坚决不要我生弟弟、妹妹："你就生一个门吧。"医生说这是因为她不担心门会来跟她抢夺父母之爱的缘故。

　　不幸的是南希没有什么玩伴，于是这两个孩子，一个两岁一个五岁，只好常常在一起玩。有时候她俩也能玩得挺好，可是，因为两岁的孩子变得十分霸道，常常抡圆了小胳膊打姐姐，还用牙齿咬她……有时候我们家里真像是小野人的家。

　　于是，我的五岁女儿常常哀叹："我真希望我们从来没有她！"她很少还手打妹妹，妹妹打过她之后，她总是跑回自己的屋里去，狠狠吃自己的手指头，狠狠揪自己的头发！

　　另外，最近她开始毫无愧色地给自己冲一奶瓶的奶来喝，用手抓饭吃，而且吃得满地狼藉，总体上来看她似乎退化到了她两岁妹妹的水平。目前看来她这么做只是为了好玩，但是我注意到如果有谁推开了她的门，她会立即把她的奶瓶藏起来。

　　她对妹妹的嫉恨之心已经延续了这么久，我们该怎么办？我们能做些什么？

# 专家建议

对妹妹的嫉恨之心毫无疑问使得你大女儿的状况更加糟糕；不过，总的来说我们认为导致她目前行为的主要原因并不是嫉恨。这样的行为其实是一类孩子的常见现象，这类孩子往往非常紧张、非常聪明，同时却又难以驾驭自己的情绪。

因为南希已经五岁，她很可能已经提前进入了五岁半到六岁之间的行为阶段，这时候的孩子行为可能会退化到婴儿阶段，不论家里有没有一个真正的小婴儿都一样，哪怕这孩子是家里的独生子也一样。当然，家里如果有真正的小婴儿，那么这种"退化行为"就会更为登峰造极。

我们建议你不如宽容她的"退化行为"，充分满足她想要当小宝宝的愿望，也让她明白在家里这么做完全没有关系。如果你愿意，不妨和她一起商量一下怎么当小宝宝。

不过情况往往是一旦你允许孩子这么做，比如允许她使用奶瓶，而且还帮着她筹划，那么对孩子来说，这就远没有她必须偷偷去做来得更有趣了。如此一来，她的兴趣倒是有可能会转移到如何让自己的行为显得更成熟一些的方向上去。

你也好她爸爸也好，最好能在睡前去陪孩子聊聊天。比如说，聊聊白天发生的事儿；如果你愿意，也可以聊聊假如她真想要做个宝宝其实也没什么不好；也可以聊聊你自己的童年时代、婴儿时代。甚至还可以聊一聊你自己做过的坏事，这有可能会让孩子觉得她不是那么孤单，也不是那么坏。

以上这些建议未必能把南希的苦恼全部消除掉，不过想必她的日子能够因此好过一些。等再过一段时间，她就该上学了，到时候学校生活会吸纳和消耗掉她很多精力，也会让她的心从妹妹身上转移到更有趣的事情上去。

# 4. 面对怯懦的五岁男孩，妈妈该怎么放松心境？

 **读者来信**

亲爱的博士：

我儿子唐已经五岁了。我有一个问题，不知道这算不算是一个问题，可是这问题却让我忧虑不安。我想请教一下我的这种担忧是不是小题大做。

唐十分怯懦，他其实从来就如此。据说他爸爸小时候就是一个非常怯懦的小男孩。今天又有一件事情触动了我。我带唐去参加了一个小朋友的生日派对，派对上的八个小孩子当中，唐只认识两个。他于是显得十分不自在，连东西都不肯吃。他也不肯让我离开，我走到哪儿他就跟到哪儿。后来他跟着我走到了另一间屋里去的时候，我责骂了他。然后我就后悔没能咬住自己的舌头。

请你别误解我，我并不想要改变他，只是想知道，针对他的这种怯懦，我该不该做些什么？该怎么做？他和我们家隔壁的小女孩在一起玩的时候，能玩得很好，虽然他也不肯吃她家的东西……他现在对字和数字开始感兴趣，可是如果他想要学的东西稍微有点儿难度，需要他稍微专心一点点才能弄得明白，他就会说："我们下次再学吧。"星期天的时候他不喜欢我去教会，我知道他其实就是因为我不能陪他留在小孩班里。我该怎么办？

 **专家建议**

从你的描述来看，唐的怯懦其实并不算是一个问题。当然，孩子任何程度的怯懦都会造成某种问题，不过你家孩子的情况显然在正常范围之内。针对这样的孩子，我们的建议通常是从孩子的现状开始入手。也就是说，我们不需要坐下来畅想：假如这孩子能更勇敢一些、更随和一些、更愿意跟人打招呼一些、更善于跟别人相处一些，该有多么好。我们只需要首先接纳他的本来面目，然后，非常缓慢柔和地，把他一点一点从他的壳子里推出来。

你可以替他安排非常简单的、容易的游戏环境，比如说只邀请一个小玩伴，而且你要在旁边随时待命。还有，不要要求他一定要回应成年人对他的问候，因为，在这一点上你至少还要再耐心等待两年。他不愿意向对方回礼，不只是因为害羞和胆怯，还因为他不够成熟，更因为实际上不少这个年龄的孩子的确难以开口向成年人问好。你提到他爸爸曾经是一个怯懦的孩子，或许唐的天性也应该如此吧。

还有，不要以孩子在生日派对上的行为来对孩子下结论。很多孩子在生日派对上的表现的确会格外糟糕。

我们知道许多小男孩跟你家唐一样，不肯在别人家吃东西；我们也不觉得有什么道理一定要强迫孩子吃人家的东西。你的来信中没有提及唐今年是否会去上学，不过，如果你把他送到四岁孩子的幼儿园去，他肯定会受益良多。唐现在看来还不适合去上学前班。

# 5. 如何应付精力过于旺盛的 小男孩？

 **读者来信**

亲爱的博士：

我拜读了有关方形孩子的描述之后，十分欣慰，觉得自己能够更好地应付我那精力无限的儿子了。（译者注：关于方形孩子具体表现的详细说明，请参阅本系列《你的4岁孩子》第8章。）何止是需要应付孩子，我还必须应付那些好心的朋友和亲戚们。他们根本不相信孩子还有什么"不同类型"，认为所有的孩子都需要狠狠地打屁股，不打他就不会听话。

　　儿子布奇是我们抱养的孩子，那时候他生下来才 10 天，现在已经五岁了。他很喜欢搭建东西，而且精力特旺盛。他总是大着嗓门说话，走路和玩耍的时候都要吵吵嚷嚷。他总是不能站稳当了或者坐稳当了，事事争强好斗，看见什么都要弄坏了才肯罢休。他注意力的转移十分短促而快速，对自己和别人的疼痛都好像无动于衷，对待小动物尤其粗暴。他的如厕训练也是拖了很久才成功。还有，布奇不断地惹是生非，总是要试探你的忍耐度能高到什么程度，做什么事情都要惹得有人最终出来教训他一顿才算拉倒。他对人特别有爱心，却只能跟大男孩一起玩，因为没有哪个同龄孩子能受得了他的粗鲁。

　　布奇两岁半的时候曾经去看过一个心理医生，那位医生建议我们要对孩子严加管教，至少在他八岁之前必须如此，因为他应该到了八岁才会逐渐安稳下来。他当时也说布奇是一个接近天才的孩子，不过我们尚未发现任何迹象。目前我俩担心的是，明年他就该上小学一年级了，可是他现在还这么坐不住，而且他的注意力也总是能从一件事情迅速跑到另一件事情上去，这可怎么上学？更何况，他还需要有人不断地严格管束他。

 **专家建议**

我们必须首先要恭喜你对孩子十分客观的理解和恰到好处地把握好了你和这么一个十分棘手的孩子之间的亲子关系。我们常常说如果谁家若是有一个布奇这样的孩子，那么他们至少需要一个五人组的流水作业线才能应付得了这孩子，以便头一个累倒了下一个接着上。

我们建议你尽量让他多听音乐，让他尽情地手舞足蹈，根据你的描述他应该会很喜欢。比如说，吃完晚饭以后，专门留出来一个小时，让布奇自由自在地在舞蹈韵律中充分发挥他的创造力。

至于说到明年上学的问题，他显然还不够成熟去十一年级，不过另一方面他又很可能需要一年级的某些课程帮他开智，这样的孩子往往会在一种更有气氛的学习环境之中安静下来。你能不能和学校商量着让他上半小时的学前班课程？一个半小时到两个小时的上学时间对这样的孩子来说应该足够了，而且估计这也是学校老师能够应付得了他的极限时间。

还有，能不能让学校允许他每个星期三可以不去上学，由你在家里给他安排好各项活动？利用这不用上学的星期三，单独陪孩子做些什么事情，然后抽出一段时间来，拿出课本让孩子跟你一起认字、数数等，算是预习功课。

要养育这么一个孩子实在不容易。他可能会给你一种错觉，让你觉得他的实际能力实在显现不出他有多么聪明。可是一旦他真正找到了自己的兴趣所在，他的成就和能力就会显得更加明确，也会更加让人满意。

# 6. 孩子在客人面前粗鲁无理，妈妈该怎么办？

 **读者来信**

亲爱的博士：

请问你能不能在报纸上写一篇文章，专门讲讲"怎么教导孩子有礼貌地、得体地跟长辈说话"？

每当我儿子跟长辈说话的时候，他的表现总是让我觉得十分丢脸。他的身子不停地拧来拧去，手心冒汗，最后还要来一句："我不知道，你个大笨蛋！"要么就干脆一句话也不说。

在家里，他说话的声音能把我们的耳朵都吵聋了，不过他是一个听话的好孩子。目前他五岁了，

看上去总有些羞怯，也总是显得很幼稚。最近他
开始变得越来越爱说话，可他偏偏总是在不该他
说话的时候说话，因为他偏偏要在长辈们说着话
的时候打断别人。

你有没有这方面的书可以推荐给我看的？

 **专家建议**

你要求的这种书我们不知道有没有，不过看了你描述孩子
怎么和长辈说话的样子，我们实在忍不住哈哈大笑了起来。这
种现象对于五岁孩子来说实在是太常见了，等到了六岁的时候
只怕会更加糟糕。不过等过了六岁之后，情况会渐渐好起来。

你当前最要紧的事情是要保护你的孩子，不要让他接触
那些不太懂得小孩子的长辈，也不要让那些人来打扰他。不
要期望孩子能表现得让你满意。如果家里有长辈来，而且长
辈愿意跟他一起到他的房间里，跟他一起聊聊他的玩具和书
等，那么你也许会十分意外地看到，他俩居然能很谈得来。
但是，大多数的五岁孩子，在目前这样的文化环境下，很难
配合你的要求，能够安安静静地、直视着对方的眼睛、得体
地应答长辈。孩子要成长到父母所期望的懂得尊重他人的境
界，还有好长好长的一段路需要走。

# 7. 五岁的孩子不需要长篇大论的道德说教！

**场景再现：**

> 五岁的黛比和奶奶一起，在火车站里等火车。
>
> "那是一个大坏蛋！"
>
> 奶奶转过身看去，黛比指着的那个人，看上去并不怎么恶毒。
>
> 奶奶问："他干什么了？"
>
> 黛比小声说道："他乱扔垃圾！"

# 专家建议

　　这个小场景向我们强调了一个事实：一般来说，学龄前儿童非常容易吸收他们的启蒙老师在道德规范方面的言传身教。

　　年幼的孩子有可能会有弗洛伊德所说的在不同成长阶段中的"任性妄为"的行为。但也完全可能没有，或者仅仅是一般的调皮捣蛋而已。毋庸置疑的是，一个孩子必须成长到一定的成熟阶段，才能够做得到完全的诚实以及对他人的体谅。

　　大多数试过的人都知道，我们可以相对容易地把一些简单的道德观念灌输给小孩子，比如说乱扔垃圾、大惊小怪、搬弄是非之类的都是不好的行为。实际上，蒙罗·里夫（译者注：儿童作家，写了很多"礼仪童书"）和教堂的星期天儿童班都已经以简单、清晰、有趣的方式，向孩子们灌输了很多好与坏的模式化观念。

　　不过我们要再三强调，一些最为重要的道德观念还必须等孩子自然成长后才能水到渠成。举例来说，一个正常的六岁孩子不会愿意承认自己做错了事。哪怕长到了九岁，许多很好的好孩子照样会把自己做错的事情推到别人身上，尤其是当他们知道这么做有可能撇清自己的时候。

当然，这并不是说，在孩子成熟到能够好好接受我们的教诲之前，我们就必须等，或者应该等。你在任何时候都可以教导孩子，但是关键在于你不要对孩子要求太高，也不要指望能够立竿见影。此外，很多家长发现，若要使这种教导更为有效，简单的规矩加上你前后一致的示范，要远远胜过"应当"怎样做的长篇大论的道德说教。

记得有一次一个五岁孩子安静地告诉我们："规矩是假如我们还没有吃完饭就离开桌子，那我们就不可以再回来。"而她就真的没有离开桌子！

# 8. 孩子不肯学写字，怎么办？

 **读者来信**

亲爱的博士：

　　在我女儿还没有开始上学前班之前，我就和许多妈妈一样，试图教她写字、算数。开始的时候她很配合，但是开学之后不久，她就再也不肯跟我学了。我当时以为是老师对她的影响比我更大而已。日子一天天过去，从她带回家的课堂练习来看，她应该学得不错。但是到了学期快要结束的时候，我不得不承认我很失望，因为她居然还不会写自己的名字。

这个秋天她就该上小学一年级了，我想尽量教她学会写最基本的字，否则到了一年级怎么认读啊。可是，我再次劳而无功。每次她都只学一两分钟之后就不肯继续了。如果这种状态延续到下学期，也就是小学一年级，那么她就会觉得功课很难应付了。

请问其他孩子也是这样的吗？为什么会是这样？我想在家里帮帮她，目的就是想让她在学校里能学得轻松点儿啊。我的家族，我的丈夫，我所有的孩子，都是非常出色的学生，我女儿的这种表现让我觉得很是羞耻。我怎么就这么失败呢？

 **专家建议**

我们有两条建议。

第一条：每一个当妈妈的迟早都要认识到一点，那就是不要把一个孩子和家里的其他人相提并论。每一个孩子都只会按照他自己的步伐成长。其他家庭成员获得了优异的学习成绩，并不等于你女儿也一定会把这份荣誉发扬光大。你还要学会不可因为孩子不够优秀，甚至不够好，而为自己感到羞耻。

第二条：你的讲述表明，你女儿应该还没有准备好今年秋天就上一年级。她不肯学习有可能纯粹是跟你闹情绪；不过，假如一个孩子无法胜任别人以为她能够胜任而交给她的学习任务，那么她往往会以抗拒学习的方式表达出来。一个能够胜任上学任务的孩子，不但要有能力（以父母和老师的判断来看可能已经有了），而且还要有意愿才行。

有时孩子拒绝做功课是不恰当的行为，是可以纠正的。但是这种拒绝往往也是孩子在企图告诉你，你对她的要求太高了，她实在做不到。我们很想知道，你女儿有没有自己表露出学习认字的兴趣？她对路边的字牌感兴趣吗？如果她对路边的任何一个字都毫无兴趣，那么我们真不认为她已经有能力上小学一年级了。

暑假期间的补习班可以帮助已经有能力的孩子把能力再拔高一点，却没有办法将本身没有能力的孩子拔高什么。

请你至少跟她的老师谈一谈，看看孩子是否有足够的能力上一年级了。我们强烈建议你最好跟老师和校长一起都好好谈一谈，看看他们对这件事情的看法。

# 9. 孩子被《睡美人》里面的巫婆 吓到了，该怎么办？

 **读者来信**

亲爱的博士：

　　我们有一个问题，在我们看来十分严重。大约两个月以前，我们快要五岁半的儿子乔伊看了《睡美人》。从那以后，他夜夜惊醒哭泣，然后爬上我们的大床。在这之前他是个睡觉很香甜的孩子。

　　我们曾经坐在他床边，向他保证巫婆不是真的。我们也试过不允许他进我们的卧房，可是这些办法都不奏效。为了能让他多睡一会儿，现在我们俩轮流去陪他睡觉。可他睡得依然很不踏实。

还有一件事情是最近发生的。我们的卧房里睡进了另一个小宝宝。我认为这是乔伊想要我们轮流陪他睡觉的真正原因，而不是因为他被巫婆吓怕了。可是我丈夫不这么认为，因为乔伊的夜啼就是从他看了巫婆那幅画面的当天夜里开始的。

白天的时候他很好，除了去上学之外，还会帮着照顾小宝宝。我们很快就要搬到另一个地方去了，到时候小宝宝和乔伊都会有自己的房间。不知道这会不会让情形有所好转？我倒是担心新的邻居和新的学校只怕又会生出新的问题来。请问你有什么好建议吗？我们三个人都苦于睡眠太不足了。

 **专家建议**

你说得不错，孩子目前的问题，很有可能是因为家里添了新宝宝，加上他正好到了五岁半，再加上他本身比较敏感等这些原因的综合效应。以我们的角度来看，你先生的观点恐怕是对的，估计的确是《睡美人》的镜头终于引发了一切，而假如没有这个契机的话，他也许能够扛得住上面提到

的三个综合因素。

我们已经注意到，一些电视节目上的恐怖镜头的确会给不少八岁以下的孩子造成危害。我们收到过不少家长送来的类似你这样的困扰的信件。人们往往以为童话节目应该不会对孩子造成不良影响，然而实际情况并非如此。孩子对恐怖镜头的反应要远远比家长预料的强烈得多。

书里面的巫婆和电视里面的巫婆，这二者之间有相当大的不同。这么些年来，我们并没有发现故事里面的巫婆能吓坏一个正常的孩子，但是电视不一样。父母应该在允许孩子看这类童话节目之前，审慎地了解一下，孩子对节目中可能出现的恐怖镜头的忍耐程度。

以你儿子的情况看来，时间上于你有利，因为按乔伊的年龄，他应该很快就能走出这一噩梦年龄段。搬到新家去以后，夜晚睡眠方面孩子可能会有新的变化。你也许可以试试为孩子"驱邪"，把夜晚可能出现的"巫婆"赶走，借助"魔法"来帮助孩子安下心来。

还有，请你要理解，孩子的恐惧自有他的缘由，你应该给予孩子他所需要的支持。你说得没错，新的家、新的邻居和新的学校有可能会生出新的问题来，不过新的问题有可能以新的方式表达出来，你们也就至少可以多一点点睡眠时间了。

# 10. 怎样让一个"坏"孩子听话？

 **读者来信**

亲爱的博士：

我五岁半的儿子特里一直是一个有两面性格的孩子。他有很多好的、可爱的地方，但也有些时候简直就是个小魔头。邻居们都讨厌他，因为他总是恶狠狠地欺负别人家的孩子，比方说，拿块泥土在人家孩子的脸上碾碎。有时候，我偶尔实在安排不过来，只好带他跟我一起去商店买东西，结果往往是假如我不肯把他看上的东西全都买给他，他就会在商店里满地打滚，又踢又叫。你认

为他这是有情绪困扰吗？能给我提些建议吗？我
的医生说他再长大些就好了。

## 专家建议

我们的确认识一些像特里这样的男孩子，而且我们也认同你儿科医生的说法，时间能改变一切，这样的男孩子往往能够成长为一个正常的人。但是，仅仅靠时间并不能真正地改变一切，你还需要帮助孩子。

我们希望，在今后的几年里，你能好好帮助特里慢慢学会控制他暴躁的性子。另外，如果可能的话，哪怕不计成本，你也要尽量避免带他去商店以及其他环境复杂的公共场所。这做起来一定很难，但是，你不会给孩子吃真正有毒的东西，是吧？对特里来说，商店这样的地方就是毒性很大的场所。

他一定需要逐渐认识到他的某些行为是你坚决不允许的。比如说，如果他做不到和其他孩子玩的时候不欺负别人，那么他就只能待在家里跟你在一起，不可以出去玩。这样的小男孩必须明白，他只能靠自己的良好表现来赢得出门去找别人玩、去上学等的机会。在他上学的日子里，你恐怕每天早上都要叮嘱他，什么事情他必须怎样做，什么事情你不允许他做。

还有，针对这样的小男孩，规矩一定要严格、清楚，而且毫无商量的余地。越是简单明了的规矩，孩子越容易遵守得好。

像特里这样的孩子，往往会在一个男性保姆面前规矩得多。如果你能做得到的话，给他请一个高中生来当保姆。我们猜想特里应该和年龄大的男孩子女孩子相处得不错，因为像他这样的男孩子往往都是如此。年龄大的人往往喜欢孩子身上倔强的、男子汉的气概，而孩子也往往反过来不愿在年龄大的人面前展露他们的顽劣。当然，在妈妈面前绝对是一个例外。

等特里再稍微长大一点，你还可以送他去夏令营。像他这种精力旺盛、争强好斗的男孩子往往很喜欢竞争，喜欢成功，喜欢战胜别人，而夏令营就可以提供这样的环境给他。

你不要指望特里一觉醒来就能变成另一个人。但是，如果你能够确保他生活在简单明了的规矩之中，那么他会慢慢改善。当然，你也要帮助孩子理解为什么要有这些规矩。像他这样的男孩子还真就会对什么该做、什么不该做觉得懵懵懂懂。所以，他需要你把要求明白地说出来。

最后，也是最重要的一点：不要放弃希望。

# 11. 可以让五岁孩子帮忙照顾小宝宝吗?

**新闻报道:**

> 医生们连续奋战，竭力拯救五岁小女孩罗宾·迪恩的生命。小女孩帮助妈妈为小弟弟热牛奶的时候严重烧伤。迪恩夫人说罗宾热牛奶的时候把衣服烧着了。当时她正在打电话，听见小姑娘的哭喊之后，发现女儿带着浑身的火焰倒在地板上。

 **专家建议**

五岁的孩子因为这一时期的天性，往往愿意主动配合。

他很喜欢帮妈妈做事情，尤其喜欢帮妈妈照顾小宝宝，而手忙脚乱的妈妈很自然会欣然接受小朋友的助人为乐。

而且，五岁的孩子一般都不太冒进，甚至比再往后的七岁都要更保守，大多数的情况下他们不会去做没有把握的事情。因此会给人一种错觉，让父母以为五岁孩子比他的实际水平更有能力。

你很难责怪一个忙得恨不能生出三头六臂来的妈妈，居然允许一个看上去很能干的五岁孩子帮忙做家务事。孩子当然可以帮忙做家务，只是要在安全的情况下才好，比如说帮忙擦擦灰、叠叠被子这类肯定不会让孩子受伤的家务活。

但是，帮忙做饭？不行。抱小婴儿？不行，除非你让五岁孩子坐在放满了软垫的大椅子或者大沙发里，而且妈妈就在一旁守候。五岁的孩子喜欢主动帮忙，并且态度友善而诚恳，但是我们却不可以照单全收。不论是小宝宝还是五岁的孩子，都必须严加保护。这位妈妈居然让五岁的孩子用炉火热牛奶，而自己却在另一间屋子里打电话，这很显然是一个十分严重的错误。

# 12. 别人不跟我家孩子玩，
## 怎么办？

 **读者来信**

亲爱的博士：

　　我不得不十分难过地承认，没有孩子愿意跟我儿子迪克西一起玩。小玩伴们都不愿意理他。他现在五岁半。上午他去幼儿园，小朋友们都不理睬他，也不要他过去跟他们一起玩。他们连个机会都不肯给他。

　　下午他去学前班，放学回家以后，邻居所有六七岁的孩子都不和他玩，而如果他想尽办法和他们凑到了一起，结果总是被别人打一顿。

他的老师说，在学校里他和其他孩子相处得很好，在操场上玩耍也没发生什么问题。另外，如果有一个孩子到我们家里来，他也能和别人玩得很好。可就是在外面却没有人肯接纳他。

我该怎么帮助他？想到没人愿意跟我的孩子一起玩，心里真是十分难受。我是应该出面保护他，还是应该强迫他出去，闯出一条他自己的路来？

 **专家建议**

我们很理解你十分难过。我们都愿意自己的孩子是一个受人欢迎的孩子。不幸的是，一个人是否受欢迎，有时候实在是一件很难以琢磨的事情。你常常没法弄明白为什么有的孩子身边总是围满了朋友，有的孩子却总是受人冷落。

万幸的是，迪克西在学校里和其他孩子相处得不错。这不仅仅是一件令人感到鼓舞的事情，而且还了你一个讯息，那就是以目前来说，这孩子看来需要一个比较正式的社交环境。只要周围有一个成年人多多少少镇一下场子，他就能够跟大家一起玩得很好。

眼下我们必须承认，他看来还没有能力应付没有成年人看管的自由玩耍。即使是很小的孩子，例如你们家附近的邻居小孩，都能看得出哪个孩子比较怯懦。这些孩子不但不会好心地来帮助那个孩子，反而往往选择不跟他玩，你家迪克西就是这样一个例子。

现在看来他也许只能选择性地在一定的条件之下自娱自乐，比如说，去学校玩、跟自己兄弟玩、请玩得来的孩子来你家玩。我们相信他会逐渐慢慢拓展他的社交圈，不过也许他以后一直会是一个跟某个好朋友一起玩的时候才最开心的人，而不是一个喜欢跟一大群人扎堆的人。

# 13. 五岁的孩子喜欢玩火，
##   这正常吗？

 **读者来信**

亲爱的博士：

　　我们五岁半的儿子拉尔斐很喜欢玩火。他是一个外向的、开朗的小男孩，很受小朋友的喜爱，和大人说话也总是很得体，十分惹人怜爱。比方说，他会跟爷爷说他爱他，还会跟奶奶说她烤的鸡肉馅饼很好吃。实际上，拉尔斐跟成年人相处得比小朋友更好，因为他会对小朋友指手画脚。

　　拉尔斐对玩火的兴趣已经持续了一年。有一次，他藏在衣橱里玩我的香烟和打火机，意外地烧着了一些衣服。不论是家里的烤火盆还是野外的篝火盆，都少不了他在一旁转悠。他会不停地往里面扔些东西，有时还会用柴火棍捅捅炉火。

我们曾允许他在火盆上烤棉花糖，也曾试验过你们建议的"满足疗法"，让他玩火柴，一天点燃一根，结果，他玩了整整一大盒厨房专用火柴！我们真的已经做了各种尝试，可是，他还是一逮到机会就偷偷玩火。由于我自己是个烟鬼，家里的确随处可以拿到火柴。请问我们现在还能做些什么？

我们很希望拉尔斐能够好好活到长大成人，可是，假若他一直这么痴迷于玩火的话，恐怕很难说。

 **专家建议**

拉尔斐的故事对我们来说没有什么不太正常的地方。五岁到六岁之间的确是孩子特别喜欢玩火的年龄段之一，而且，很多在这时候难以克制住自己不玩火的小男孩，后来也都长大了，长成了很正常很得体的人。假如孩子玩火的兴趣到了十岁以及十二岁都还在，那倒是更要好好慎重对待了。

五岁也好，十岁或者十二岁也好，孩子在这些年龄段喜欢玩火都是正常现象，正如有些人天生就不喜欢玩火，甚至害怕火一样正常。既然你已经试过了各种方法，也做到了接纳他的行为、允许他在监护之下玩火，而这一切都没能淡化他对玩火的兴趣，那么，唯一可行的就只能是你必须要更加严密地监护他了。

很显然，你需要把家里所有的火柴都锁好，而且你自己最好能戒烟一段时间。（实在不行，你就把打火机随时揣在你的口袋里。）

有些人认为孩子喜欢玩火是他有某种深层问题的征兆，是问题的表象。对一个大孩子来说，这有一定的可能性；如果你一定要这么坚持，那么小孩子也许是有可能的吧。但是，我们认为对拉尔斐这个年龄的小孩子来说，问题极有可能只是由强烈的好奇心加上不够强烈的克制力所造成的。因此，这孩子需要你的监护来约束他。如果是因为监护不得力出了问题，受罚的应该是你这个当爸爸的。

如果孩子对文字很有感觉的话，那么让他读读有关火的书籍（或者你读给他听），这应该可以满足一部分他对火的着迷与好奇。不过，看你对拉尔斐的描述，他应该不像是一个对书很有感觉的人。你也可以带他去消防站看看，那里是四岁孩子最喜欢的地方，有可能现在仍然会吸引他。你不妨让他和消防员交个朋友，他有可能会很把他们的话真当回事。

# 14. 孩子不停地吮舌头，
有什么办法吗?

 **读者来信**

亲爱的博士:

我的问题是针对我女儿阿加莎吮舌头的困扰。
她五岁了，吮得特别厉害，而且几乎无时无刻不
在吮舌头，比方说，我给她梳头的时候，她安安
静静一个人玩的时候，还有睡觉的时候。她脑袋
一沾枕头就开始吮舌头，睡着了以后也继续吮。
夜里她吮舌头的声音格外响，我在另一间屋里都
能被这声音吵醒，真的!

我尝试过给她所有的关注和所有的爱，可是，

我自己本身是一个神经很紧张也很忙碌的妈妈，我是一个高龄产妇。

阿加莎是一个早产儿，她提前七个星期出世。不过她现在成长为了一个健康的、快乐的、天性纯良的好孩子。吮舌头的毛病不是从她出生开始就有的，而是从她大约两岁半的时候开始的。

我的医生说不用担心，可是，我怎么能不担心呢？她吮得越来越厉害，而且她的恒牙也开始往外冒了。她的牙质不够好，上面的珐琅质非常少。牙科医生目前给她开了护齿的氟化药。

我还担心她吮舌头的毛病会不会在学校里影响到其他孩子。

 **专家建议**

既然阿加莎是个早产的孩子，那么你在计算她是否够年龄上学前班的时候，需要重新计算她的真实年龄。如果她现在刚刚够年龄上小学，也就是说，假如她是九月份出生的孩子，或者稍微再早一点点，那么你需要再加上七个星期的早产时间。这样一来，你可能发现她实际上今年还不够年龄上小学。

也就是说，你可以再多等一年才去为她在学校里吮舌头而发愁。而真到了一年之后，她却有可能已经不再吮舌头了。

既然她的牙质这么弱，我们想，除了医生给你的氟化药之外，你是否应该给孩子吃点钙片之类的药品作为辅助。

针对吮舌头的行为，你也许已经意识到，我们的看法和针对其他紧张情绪的宣泄行为一样，关键点不在于怎样去制止孩子的不当行为，而在于怎样让孩子能安静下来，从而不再需要宣泄紧张。

以目前来说，孩子年龄这么小，而这个行为又十分顽固，看来你很难有什么办法能直接分散她吮舌头的注意力。不过即使再等一年才上学，你也应该开始，比方说从明年夏天开始，和孩子一起商量一下该怎么戒掉这一毛病，就像帮孩子戒掉吮拇指的毛病一样。

你还应该和牙科医生商量一下这件事情。如果由医生出面来告诉孩子她吮舌头会对牙齿造成什么问题的话，也许会对她更有影响力。在绝大多数情况下我们通常很反对使用铁丝装置（叫作"牙耙"）来禁止孩子吮拇指。不过，针对你这样的情况，孩子的吸吮十分严重，而且已经影响到了本来牙质就不够好的牙齿，那么你也许可以考虑一下是不是值得一用。

# 15. 五岁孩子说"我恨你"，
## 这是不是很不好的行为？

 **读者来信**

亲爱的博士：

　　我并不想当一个大惊小怪的奶奶，也不想当一个挑人毛病的婆婆，可是，有些事情实在是太过分了。

　　最近我带着儿媳妇和两个小孙子去了一趟动物园。这两个孩子，一个叫弗兰克，五岁半；一个叫弗兰妮，三岁。我不得不说，这个下午真是漫长。

　　而且，我们去的那家公园把动物都锁在笼子里，离着观众有好一段距离。所以，我估计这项活动本来也让孩子们有些失望。

没多久弗兰克就开始要吃的，我就知道他会这样。后来他又要气球。他的这两项愿望我们都满足了。

好不容易，我们回到了车上，打算回家了，弗兰克这时候却开始闹腾，说他要喝水。车上没有水，他妈妈也这么告诉了他。

然后他就开始撒泼打滚，说了些很让人不愉快的话之后（这样的话我绝不允许我自己的孩子说出来），他喊道："我后悔来这个动物园！我恨车上的每一个人！"

让我目瞪口呆的是，他妈妈居然对他的这一切恶劣行径视而不见！说真的，要是我的哪个孩子胆敢说出这样的话来，我早就狠狠一巴掌甩过去了！我就这么跟我儿媳妇说的。你说说看，我说得对不对？

 **专家建议**

很抱歉，你的话实际上并不对。一个五六岁的孩子大喊"我恨你"，跟一个四岁孩子满地打滚差不多是一回事。这两种行为都是孩子要借此告诉我们，事情已经超过了他能接受的程度，只不过除此之外他不知道还能用什么方法来表达而已。

没有谁喜欢听"我恨你"这句话。可是，如果这句话是一个小孩子说出来的，那么它的意思无非是说："我很不开心、很难过、很糊涂、很疲倦、很沮丧，而且我要把这些感受发泄到我眼前的任何人身上。"

而且，照道理来说，这句话的意思肯定不是说，"我经过慎重的反复思考之后，认为我真的恨你。"

你儿媳妇对孩子的发泄视而不见，我们也觉得这是正确的做法。孩子有可能是因为在动物园的时间太久了，对他这个五岁半孩子的要求也可能太多了，更别说旁边还有一个三岁的妹妹。

带孩子出去玩的明智做法，一个是时间不能太长了，再一个就是不能太频繁了。

还有，不论孩子有了什么问题，严重的也好，不严重的也好，该怎么去管教他们，一定是由父母来决定的事情，而不是奶奶该决定的事情。

# 结 束 语

　　这一段话我们也许应该放到本书的前面，而不是在最后的结束语里。我们希望所有的父母从一开始就知道，五岁的年龄段是你与孩子之间最为美好的阶段之一，你和五岁孩子的相处也许是你们整个亲子关系中回报率最高的美好时光。

五岁的孩子之所以这么可爱，那是因为你——照顾孩子的父母亲，是他整个世界的中心。孩子愿意讨你的喜欢，愿意做一个好孩子，愿意把什么事情都做好。

　　孩子这份对你极致的爱，对完美的极致的追求，有可能是以后再无可企及的高峰。因此，好好享受这段珍贵的日子，千万别像有些父母那样浪费了这好日子，去操心什么孩子会不会"好得太过分了"。美好的事情很少能美好到永远，典型五岁孩子的招牌性格，这让人迷恋的顺从和乖巧，毫无疑问很快就会让位给六岁的招牌特征：更加纠结而复杂。

**图书在版编目（CIP）数据**

你的5岁孩子 /（美）路易丝·埃姆斯，（美）弗兰西斯·伊尔克著；玉冰译. -- 北京：北京联合出版公司，2018.4（2024.6重印）

ISBN 978-7-5596-1747-7

Ⅰ.①你… Ⅱ.①路… ②弗… ③玉… Ⅲ.①儿童教育-家庭教育 Ⅳ.①G781

中国版本图书馆CIP数据核字（2018）第031276号

北京版权局著作权合同登记 图字：01-2017-9095号

YOUR FIVE-YEAR-OLD: SUNNY AND SERENE
BY Louise Bates Ames, Ph.D., and Frances L. Ilg, M.D.
Copyright © 1979 by The Gesell Institute of Child Development, Louise Bates Ames and Frances L. Ilg. This edition arranged with THE BANTAM DELL PUBLISHING GROUP
through BIG APPLE AGENCY, INC., LABUAN, MALAYSIA.
Simplified Chinese edition Copyright © 2012 by Beijing Zito Books Co., Ltd.
All rights reserved.

## 你的5岁孩子

作　　者　[美]路易丝·埃姆斯　[美]弗兰西斯·伊尔克
译　　者　玉　冰
责任编辑　李　红　徐　樟
项目策划　紫图图书 ZITO®
监　　制　黄　利　万　夏
特约编辑　曹莉丽
营销支持　曹莉丽
装帧设计　紫图图书 ZITO®

北京联合出版公司出版
（北京市西城区德外大街 83 号楼 9 层　100088）
艺堂印刷（天津）有限公司印刷　新华书店经销
字数 120 千字　880 毫米 ×1230 毫米　1/32　8 印张
2018 年 4 月第 1 版　2024 年 6 月第 13 次印刷
ISBN 978-7-5596-1747-7
定价：49.90 元

# 紫图·汉字课

出版社：中国致公出版社
定价：329.00 元（全 5 册）
开本：16 开
出版日期：2018 年 5 月

## 《汉字好好玩》（全 5 册）

有画面、有知识、有故事、有历史的汉字图书。
中央电视台、湖南卫视等多家媒体报道！
学汉字 就像在看画，写汉字 就像在学画！

　　《汉字好好玩》曾获选为台湾"百年文学好书"，多次参加两岸文博会，被中央电视台、湖南卫视等多家媒体争相报导，并引发代购狂潮。这套书保留了象形文字的精华，延续了汉字原创的精神，展现了"画中有字 字中有画"的汉字精髓，融合了文字学、哲学、美学与创意，以艺术的眼光介绍汉字！

　　作者精选 75 幅主题汉字画，500 多个常用汉字的起源和演变，打破传统一笔一画的汉字学习方式，倡导图像学习汉字的新思维！

出版社：北京日报出版社
定价：129 元（全三册）
开本：16 开
出版日期：2019 年 5 月

## 《一笔一画学汉字：1-3》

只要 15 幅汉字画，就能轻松学会 86 个汉字。
从根源认汉字，才是智慧的学习方式。

　　《一笔一画学汉字：1-3》是《汉字好好玩》作者张宏如给孩子的汉字启蒙书，作者原创多幅汉字画作品，打破传统的汉字学习方式，让孩子们从一幅幅汉字画中感受古人造字的精髓，识字就像看画，写字就像在画画。只要一幅汉字画就可以同时达到识字、写字的效果。

出版社：北京日报出版社
定价：129 元（全三册）
开本：16 开
出版日期：2019 年 11 月

## 《一笔一画学汉字：4-6》

只要 15 幅汉字画，就能轻松学会 80 个汉字。
从根源认汉字，才是智慧的学习方式。

　　《一笔一画学汉字：4-6》是《汉字好好玩》作者张宏如给孩子的汉字启蒙书，作者原创多幅汉字画作品，打破传统的汉字学习方式，让孩子们从一幅幅汉字画中感受古人造字的精髓，识字就像看画，写字就像在画画。只要一幅汉字画就可以同时达到识字、写字的效果。

# 紫图·育儿课

## 《法布尔植物记：手绘珍藏版》（全2册）

因《昆虫记》闻名于世的法布尔又一巨作。

所有植物爱好者不可错过的"植物圣经"。

大自然给您和孩子的邀请信，送给孩子最好的礼物。

  《法布尔植物记：手绘珍藏版》（全2册）由《昆虫记》作者法布尔耗时10年著成，权威，科学，生动有趣。法布尔用讲故事的形式讲述了植物一生的美丽故事，同时还告诉读者许多人生的智慧，是激发孩子探索世界的最好礼物。为了还原最真实的植物形态，绘者历时2年取景，培育植物，最终精美呈现出300余幅插画。

出版社：北京联合出版公司
定价：99.9元（全两册）
开本：16开
出版日期：2019年8月

## 《勇敢的小狼》（全6册）

本系列荣获2016/17年英国人民图书奖"最佳童书"奖项、提名2017妈妈选择奖"最佳儿童读物系列"、提名2017英国教育资源奖"最佳教育图书"。

  《勇敢的小狼》（全6册）由知名童书作家创作，专业童书插画家配图，已授权多个国家和地区。这是一套专为4~7岁孩子创作的绘本，帮助全球孩子化解成长过程中遇到的情绪问题，让家长不再焦虑，让孩子学会管理自己。随书赠送4套情绪卡片。

出版社：北京联合出版公司
定价：199.00元（全6册）
开本：16开
出版日期：2019年6月

## 《青少年抗焦虑手册》

哈佛大学临床心理学家给孩子的成长课。

  本书是一本为生活学习中普遍存在焦虑问题的青少年和年轻人提供的心理自助实用手册。孩子在父母或老师的带领下，在家里、学校里或者任何地方都可以拿来学习和使用，消除焦虑，纾解压力。书中针对具体问题设计了启发式问答及练习，帮助读者更好地理解焦虑的根源，养成积极的思维习惯。作者循循善诱，字里行间流露出同情和理解，充分考虑到青少年、年轻读者群的心理特点，融专业实用和趣味阅读于一体，是一本十分难得的心理健康读物。

出版社：现代出版社
定价：42元
开本：32开
出版日期：2017年2月

# 紫图·育儿课

### 《开启高敏感孩子的天赋》

高敏感不是缺陷，而是上苍赐予 TA 最特别的礼物。

肯定 TA 的独特，开启他们的天赋，让他们感受更多，想象更多，创造更多。

　　《开启高敏感孩子的天赋》是高敏感孩子第一临床医生的扛鼎之作，给高敏感孩子家长的 41 个养育·照顾·陪伴的指导。全世界每 5 个人当中就有 1 个人是高敏感族，当这个人是孩子时，就是"高敏感孩子"。高敏感是种与生俱来的气质，它会成为孩子的弱点或是优点，全靠父母的教养方式。

出版社：北京联合出版公司
定价：49.9 元
开本：32 开
出版日期：2019 年 9 月

### 《赢在未来的"虎刺怕"小孩》

"虎刺怕"（Chutzpah）是犹太人特有的"个性品牌"，代表勇敢、不畏权威、大胆。

马云说："在以色列，我学到了一个词，Chutzpah——挑战传统的勇气。我相信这种精神属于 21 世纪，属于第三次技术革命，属于未来。"

　　《赢在未来的"虎刺怕"小孩》是一本展现犹太人育儿经验的书，给家有 0~12 岁孩子的你，养出不畏权威、理性对话的"虎刺怕"小孩。小孩哭不停，大人到底该不该介入？孩子不爱念书，怎么办？和小孩讲话不听怎么办？……犹太人育儿经验告诉你，如果想要孩子赢在未来，那么就给予孩子充满安全感、幸福快乐的童年！

出版社：北京日报出版社
定价：49.9 元
开本：32 开
出版日期：2019 年 9 月

### 《妈妈强大了，孩子才优秀》

央视著名主持人李小萌真心推荐"一本教妈妈的书，胜过十本教孩子的书。"

书中强调了家长要接纳孩子，要了解孩子不同年龄的心理特色，不要进行错位教育，否则大人孩子都累！

　　本书是儿童教育专家罗玲经多年研究，并结合自身育儿经验的心血之作，不但解决了育儿中的难题，甚至改变了家长在生活中的态度。书中除了给出具体解决诸如孩子胆小、好动、打人、骂人、磨蹭、逆反、不认错、爱抱怨、爱哭闹等生活中常常让大人焦头烂额的育儿问题的方法外，还从根本上告诉家长要如何才能帮助孩子长成最好的自己，如何引导孩子合理发挥自己的智能。

出版社：江西科学技术出版社
定价：39.9 元
开本：16 开
出版日期：2016 年 1 月

# 紫图·育儿课

### 罗大伦《脾虚的孩子不长个、胃口差、爱感冒》

不伤孩子的脾，别伤孩子的心。

从调理脾胃和情绪入手，有效祛除孩子常见病根源。

2018 年修订升级版。

新增当下常见的儿童舌苔剥落成因及调理。

    一本从调理脾胃和情绪入手，教会家长如何对症调理孩子常见病并祛除疾病根的书。书里介绍的各类调理方法已被无数受益的家长验证有效，只要家长认真按书里介绍的辩证使用即可。由知名中医诊断学博士、中央电视台《百家讲坛》特邀嘉宾罗大伦倾心奉献，帮助家长调理孩子瘦弱、不长个、胃口差、爱发脾气等一系列令人焦心的孩子生理和心理问题。随书赠送：孩子长得高、胃口好、不感冒的特效推拿、食疗方速查速用全彩拉页。

出版社：江西科学技术出版社
定价：49.9 元
开本：16 开
出版日期：2018 年 3 月

---

### 罗大伦《让孩子不发烧、不咳嗽、不积食》

调好孩子脾和肺，从小到大不生病。

指导家长用食疗和心理学方法 对症调理孩子常见病。

2018 年修订升级版。

新增怀山药治疗外感使用大全、白萝卜水止咳法。

    书中把孩子发烧、咳嗽、积食各个阶段的病因和症状讲得通俗、清晰，可以让任何家长都能及时发现孩子身体状况的变化，防患于未然。介绍的调理方法简单、安全，多为食疗及外治法，能提供给家长一系列可操作的解决方案。由知名中医诊断学博士、中央电视台《百家讲坛》特邀嘉宾罗大伦和儿童教育专家、亲子、教育专栏作家罗玲联袂著作，教你快速成为孩子身体和心理上的全方位保护神。随书赠送：孩子常见疾病的每个阶段不同疗法速查速用全彩拉页。

出版社：江西科学技术出版社
定价：49.9 元
开本：16 开
出版日期：2018 年 3 月

---

### 罗大伦《图解儿童舌诊》

知名中医专家、中医诊断学博士罗大伦，根据孩子常见身体问题与不同体质舌象的精准分析，给出了 40 种对症调理孩子身体的食疗、泡脚、推拿方等。

    很多孩子生病后，自己也说不清到底是哪里不舒服。作为家长，只要把孩子的舌象看清楚了，就能分析出孩子的问题到底出在了哪里，不仅能在疾病的早期及时给与食疗、推拿等调理的方法，也能在自己无法解决时，将孩子身体状况的准确信息传达给医生，便于医生诊治，从而更好地配合治疗，帮孩子早日恢复健康。

出版社：江西科学技术出版社
定价：69.9 元
开本：16 开
出版日期：2019 年 7 月